出圈

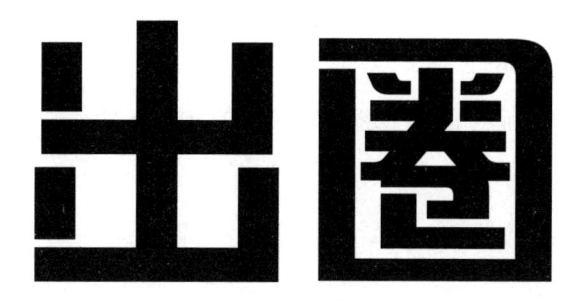

货币思维看流量

张凯元◎著

开明出版社

图书在版编目（CIP）数据

出圈：货币思维看流量 / 张凯元著 . -- 北京：开明出版社，2024.12. -- ISBN 978-7-5131-9334-4

Ⅰ . F713.365.2

中国国家版本馆 CIP 数据核字第 20243EF921 号

责任编辑：卓　玥

书　　名	出圈：货币思维看流量
出 版 人	沈　伟
著　　者	张凯元
出 版 社	开明出版社（北京市海淀区西三环北路25号青政大厦6层）
印　　刷	保定市中画美凯印刷有限公司
开　　本	880mm×1230mm　1/32
成品尺寸	145mm×210mm
印　　张	7
字　　数	123千字
版　　次	2024年12月第1版
印　　次	2024年12月第1次印刷
定　　价	58.00元

印刷、装订质量问题，出版社负责调换。联系电话：（010）88817647

序言 PREFACE

低头刷手机，抬头看电脑。从每天早上一睁眼开始，我们就陷入了数据的旋涡，浏览、转发、点赞、评论、制作、分享，人们在屏幕上轻轻动一动手指，海量的数据就在嗡鸣中冲刷着每一处互联网的海岸。这种浸泡在流量里的状况已然成了当代人的生活常态，人们习惯于在网络的世界里聆听别人的声音，也有越来越多的人开始热衷于发表自己的看法、树立自己的人设。有人说，这纯粹是在浪费时间，但有些人却偏偏从中创造出了巨大的价值，这些人之所以能获得成功，是因为他们率先认识了流量的价值与威力。

近几年来，社交活动的中心开始从线下转移到了线上，对比传统的线下社交，线上社交有两个非常重要的特点：第一是具有非同一般的传播性，这使得社交具备了"流通的价值"；第二是更容易被统计，这使得线上社交逐渐成为一种可以被量化的东西。巧合的是，流通性和量化性正是传统货币的两大特点，当这两个特点在线上社交的过程中开始显现的时候，也就顺水推舟地促成了流量的波动。

由此我们也可以发现一个新奇的现象：**流量的特点和货币的特点有着高度的重合。**

货币	流量
有不同的币种	有不同的种类/赛道
核心价值是流通	核心价值是传播
币值有大小	规模有大小
有增值点	有引爆点
可能引起通货膨胀	可能引起信息爆炸/信息厌倦
可能有债务危机	可能有信任危机
汇率	内容"含金量"
广泛发行→区域流通→收藏币	公域流量→私域流量→垂直领域核心粉丝群
……	……

在此我们不妨假设一个大胆的角度，用看待货币的思维来看待流量，就可以从中窥见流量运营的一些基本规律，以此来指导现实生活中的媒体运营。因此，我们将这种已经被具象化为货币的流量称为货币流量，它代表着一个人在线上社交中产生的价值。

在深入解释之前，我们需要先清楚关于流量货币的三个基本概念。

首先，**每个人都是流量货币的持有者和消费者**。正如生活中，人们或许会有钱多钱少的区别，但对于广泛发行的货币，每个人都是平等地拥有持有和消费的权利的。同样的,不管你在线上社交的人设如何,是否喜爱主动发表观点,是否拥有较高的互动频率,也不管一个人的粉丝量大小,话语权轻重,每个人都可以公平持有和消费流量。

相信正在看这本书的你也是某乎、某书、某瓣、某音、某博、朋友圈、博客等各种社交平台、APP的使用者,那么,当你在使用这些社交软件的时候,你的身份就是一个"信息发布者"。假设你的朋友圈好友有300人,这意味着你发布的每一条信息都有可能被300个人看到。于是,你作为一个信息发布者的价值就体现出来了。你拥有300份额的流量货币。

下一步,你需要牢牢记住关于流量货币的第二个概念:**流量货币虽然不是现金,但它可以引导现金的走向。**

举个简单的例子,现在你发布了这样一条信息,"刚买了一款某品牌的手机,没想到刚入手就出现了黑屏的问题,真是扫兴,以后绝不会再选择这个牌子的电子产品了。"或许在发布这条信息的时候,你只不过是想对别人发发牢骚而已,但事实上,这条信息会被你的300个好友中至少10%的受众见到(如果是在活跃用户更多的平台,这个比例或许还会提升),那么这10%的朋友很可能在下次购买电子产品的时候就会可以避开你所抨击的那一个品牌的手机。如此一来,本来可能会被用以消费这款手机的现金,就被用在了别处,这是不是引导了现金的走向呢?

如果你觉得,这也说不定,或许我的300个朋友中本来也

没有人打算要买这个牌子的手机，如果如此，我的一句话根本就没有影响任何事情。说得没错，但如果你发布信息并引起关注的平台，不是 300 人的朋友圈，而是日浏览量 300 万甚至 3000 万人次的线上平台呢？我想该品牌的手机供应商会立刻进入公关模式，在第一时间联系你，希望你能删除这条信息或者这个视频，因为你的这条信息很可能会对他们的口碑产生影响，拉低他们的销量。

由此，我们要引出第三个概念：**流量货币的价值随着社交规模的增长呈指数增长**。

当你有 300 个可影响的消费人数时，你的流量货币价值是 300 份额的普通流量货币；但当你拥有了 3000 以上可影响的消费人数时，你的流量货币价值并不是简单的 300×10=3000 这么简单，此时它的价值是"9000 普通流量货币 +3000 优质流量货币之和"。

现在，我们已经明白了三个基本事实：

1. 每个人都是流量货币的持有者和消费者。
2. 流量货币不是现金，但可以左右现金流向。
3. 流量货币的币值以指数增长。

那么随之而来的也是三个问题：

1. 我的流量货币都用在了哪里？
2. 我怎么才能把我的流量货币"折现"？
3. 我怎么获得让我的流量货币在某一节点呈指数级增长的

机会？

这三个问题正是本书要讨论的核心内容。

在互联网时代背景下，我们的生活正被数据化的便利颠覆，每个人都需要转变传统的社交、传播和金钱思维，了解一个人的网上形象和传播规模具备的价值，以及它与我们的生活以及未来命运的关系。本书正是要对这种关系做系统梳理，以便每个人都能掌握流量货币的常识，建立流量货币思维，一展所长赚取更多的流量货币，并将它变为品牌，甚至变为现金。

在书中，你会了解到流量货币的基本概念，它是社交活动的价值，包括你的形象、你的话题性以及你的影响力三方面的内容。形象意味着流量货币的产生，话题意味着流量货币的流通，影响力意味着变现能力，三者缺一不可。

目 录

- 第一章 -
流量货币种类——
不同赛道的不同运作模式

003 - "话题性"流量货币：引爆话题，花小钱办大事

008 - "展示性"流量货币："晒"出价值与能量

013 - "比较性"流量货币：用户总是有好胜心

017 - "病毒性"流量货币：把握好尺度的"传染"

022 - "爆炸性"流量货币：传播界的王者

026 - "热点性"流量货币：来得快去得也快的全民传播

029 - 谨记三原则：流量货币的根本是有价值的内容

- 第二章 -
流量货币的核心价值——
流通！

035 - 迈出参与的第一步

038 - 普通人也能成为意见领袖

041 - "低汇率"的货币往往最难流通

044 - 收费服务为什么要从免费做起

048 - 流通背后是不断焕新的品牌价值

051 - 七个提高信息覆盖率的技巧

056 - 多维信息更利于流通

- 第三章 -

流量货币"本位"——
分享规模决定币值大小

063 - 共享经济给所有人带来了机会

067 - 网红模特还是淘宝店主

070 - 看看你是哪种线上社交人格

075 - 要打造就打造出一个IP来

078 - 先垂直定位,再规模扩散

080 - 有趣的知识总爱以新奇的方式进到脑子里

084 - 个人定制服务正在闯入每一个领域

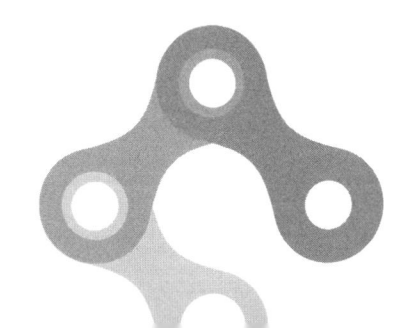

- 第四章 -
流量货币的增值——
寻找社交财富的"引爆点"

- 091 - 自我定位：幽默？有才？有魅力？请亮出你的核心价值
- 094 - 制造话题：探析"papi酱"一夜成名的爆点
- 099 - 挖掘热点：猎取人们隐藏的心理的冰桶挑战
- 103 - 逆向思维：利用爱占便宜心理的"吃垮营销"
- 105 - 换位思考：半路"杀出重围"的小米SU7
- 108 - 剑走偏锋：反向刺激消费的"最难喝饮料"
- 111 - 情感分享：持续爆红的路线
- 114 - 聚沙成塔：一直没有爆点怎么办
- 117 - 小成本，大突围：流量货币的核心本位是什么
- 119 - 拥有一千铁杆粉丝就"稳"了吗

- 第五章 -
流量货币的"通货膨胀"——
战胜"信息疲劳"

- 125 - "通货膨胀"后的贬值

127 - 拿什么拯救大众的审美疲劳

131 - "僵尸粉""水军"到底有没有必要使用

134 - 多研究问题,少宣扬套路

138 - 新瓶会装旧酒,更要会添新酒

141 - 精选拍档,强强联手才有更大突破

145 - 制造强劲卖点,突破"通胀"瓶颈

150 - 勇敢出圈,跨界施展你的魅力

- 第六章 -

流量货币的"债务危机"——
吸粉千日,掉粉一朝

155 - 正值与负值:从两条"大鱼"说起

160 - 负面传播:短期增值,长期贬值

162 - 怎样处理危机:情怀与工匠的悖论

165 - 危机公关的启示:"还原真相,提出方案,让网友做决定"

170 - 黏性宣传是给形象的"保险栓"

173 - 你的流量货币不能无限制地发放

176 - 从ID到IP:商业化观念正在蔓延

第七章
流量货币的成长——
叠加价值，不断提升含金量

- 183 - 唐僧为什么要去西天取经
- 188 - 抢西瓜的人太多，不妨先专注于芝麻
- 192 - 自我赞美的学问："瑞幸咖啡"的快速发展之道
- 195 - 叠加价值的五个优雅姿势
- 200 - 倒腾创意就是倒腾流量货币
- 203 - 用好流量货币，领航自媒体时代

第一章

流量货币种类
不同赛道的不同运作模式

正如纸质钞票有不同的面值，流量货币也会自然而然地根据功能、需求的不同而衍生出不同的种类。目前我们经常接触的流量货币可以被粗略地分为以下三大类：交往类、交流类、交易类。

交往类流量货币倾向于解决我们的日常人际交往需求，例如联络亲朋情感、彰显人格魅力、树立信誉威望、获得圈层认同等。我们趁着周末的功夫盛装出席了一个国际的专业交流会，然后迫不及待地把精心修剪过的照片发布在自己的社交软件上，既希望获得亲朋好友的点赞评论，又希望能顺便给老板、客户留下专业勤勉的好印象，以此达到"潜在社会交往的目的"。这一类流量货币中比较有代表性的是"话题性"流量货币、"展示性"流量货币和"比较性"流量货币。

交流类流量货币指在互联网发布知识科普、才艺技能、经验观点、研究成果等信息以解决我们的信息交流需求，这也正是现在各大平台的主流货币流量类型："某某医生科普你不知道的医疗知识""想让全世界知道的厨房好物""某某品牌奶茶红黑榜"……这一类流量货币比较容易成为"病毒性"流量货币、"爆炸性"流量货币和"热点性"流量货币。

交易类流量货币则较少在公域流通，它主要指稀缺信息、专业知识、特殊技能、科研成果等资源的交易和互换，如今经常承担线上中介平台的角色。这类货币的流通私密性高、门槛要求高且不契合普通大众日常接触和使用的需求，因此在生活中我们也较少谈及。

"话题性"流量货币：
引爆话题，花小钱办大事

随着网络社交的兴起，随时随地分享信息已逐渐成为我们的习惯。商家为了让人们转发自己的产品信息，奇招妙法往往层出不穷。"如果你能拍一张我们花店的照片并发到朋友圈打卡，我们将赠送一枝新鲜的玫瑰。""转发这条信息，然后把截图发给我们，即可领取10元红包。""转发朋友圈并集齐100个赞，送移动电源一个。"

有时候，一些个人用户为了让他人分享自己的信息，也往往会把人情打包廉价送出去。"嗨，哥们儿，看见我今天的朋友圈了吗？帮忙点个赞呗！""美女，帮忙转一下今天的朋友圈，回头请你吃饭哈！"

其实无论商家也好个人也罢，邀请身边人转发信息的目的都是一致的——为了传递某种信息。可是，让别人分享、传递我们的信息真就这么难吗？一定需要花很多钱、付出很大的成本才能诱导被人分享吗？每次都需要拉下面子请求别人分享吗？

当然不！其实分享、传递信息和吃饭睡觉一样，本身就是人天生的欲望，是不需要金钱激励就会自动去做的事情。至于请求别人分享，自然也不需要。与其花费巨额资金诱导别人分享，或者再三呼唤请求别人分享，不如直接在信息内容上做文章。试想，如果我们创造出的内容能够让别人迫不及待地主动分享出去，那会是怎样一种情形呢？

于是，流量货币适逢其时地出现了。能让别人主动分享传递的自然是有价值的流量货币。这样的流量货币的形式是多种多样的，现在我们先来介绍其中一种比较实用的信息内容——"话题性"流量货币。

姑且先放下"流量货币"这个概念，让我们从身边最常见的事情引入。在日常生活中，我们每个人都有过与别人聊天的经历——这太多了。比如同学会上，老同学多年不见，当然要聊天；相亲会上优秀女孩那么多，不聊怎么可以；拜访客户就更别提了，聊得越好收获才能越多……即使是最为亲密的家人之间，也需要多聊天以增进感情。

不过，这种日常聊天带来的也不全是甜蜜，有时候也让人陷入烦恼之中，原因是不知道聊什么。觥筹交错的同学会上，多年不见的老同学原本应该有一肚子话要聊，可是往往三五句寒暄之后，大家却都缄口不语了。饭桌上偶尔有人说起一件事，却应者寥寥，很快场面就冷了下来。这尴尬的场景真是想想就令人头皮发麻！

说到底，冷场不是真的无话可聊，而是没有找到引发大家兴趣的话题。一个合适的话题，足以激起所有交谈者的兴趣。**怎样才能找到合适的话题呢？最简单有效的方法是，学会"投其所好"。**

在聊天过程中，我们不仅要善于把自己的内心意愿传递出去，还应主动去发现对方感兴趣的东西，并将其作为进一步交流的切入点。在交流中，我们如果能"投其所好"，就会迅速获得对方的认同，拉近彼此间的距离，从而让交流更顺畅。

有一次，还未成为美国总统的西奥多·罗斯福参加了一场在奥马哈举办的宴会。宴会上，身为民主党人士的罗斯福遇到了众多不认识的共和党人士。因为彼此间不熟悉，所以大家之间的交流都是礼节性的招呼，没有实质性的交流。

当时罗斯福正准备参加总统选举，因此他正渴望借机结识一些共和党人士。可是，他和在场的这些人并不熟悉，如何才能迅速展开有实质性的交流呢？这个时候，他猛然看到了一位熟人——罗斯瓦特博士。他一向同这位博士很要好，巧合的是这位博士幽默风趣，交友广泛，在政界有相当好的人脉关系。于是，他悄悄凑到博士身边，向他逐一打听这些陌生人的背景和大致情况，还特别询问了他们的喜好。

随后，罗斯福开始游走到来宾中间。他与那些人逐一攀谈，根据对方的背景和喜好抛出一些有意思的话题。那些人见罗斯福举手投足大方坦诚，又如此了解自己，抛出的话题也有趣而恰到好处，都觉得十分惊喜，不由得也热情和他攀谈起来，大家相谈甚欢。不用说，那一晚罗斯福收获颇丰，他获得了这些人的好感与支持。

这就是话题的力量。**无论什么时候，合适的话题总能如一束芬芳的玫瑰，引起参与者的兴趣。越有意思的话题，其能产生的影响就越大。**

现在，让我们回到"话题性"流量货币中来。古语说，"工欲善其事，必先利其器"，一个手艺人要想把工作做好，准备好工具是关键。我们要想让别人对我们的信息感兴趣，进而把信息传递出去，就一定要学会利用现有资源，把信息内容包装成色香味俱全的"话题性"美味。这同与朋友面对面聊天一样，只要找准话题"投其所好"，信息传递便不成问题，流量货币价值由此产生。

作为一家创业型企业，大疆在2013年初才发布了其第一款产品——大疆精灵。在此之前及发布后的一段时期内，大疆一直默默无闻，没有什么时间和精力去做广告。大疆产品最大的优势是产品可靠且足够吸引人，因此在关注这个领域产品的爱好者中，它有着不错的口碑。不过大疆显然也清楚，仅仅依靠口碑传播无法在短期内大范围快速度地推广产品。怎么办呢？他们很快就想明白了，最有效的方法就是进行话题事件的营销推广。

很快，大疆展开了一系列营销行动。例如2014年10月，有新闻报道叙利亚武装人员击落了一架遥控飞行器，称这台飞行器来自政府，实际上它侧面有"Phantom"字样。又如，2015年1月，美国华盛顿执法部门发现一架小型无人机擅自闯入白宫，而这架小型无人机正是大疆。这些话题事件自然在社交网络上被大量讨论—传递—讨论，大疆在世界范围内的知名度也因此骤然飙升。

2015年，大疆又成功地利用热门话题，为无人机营销打了漂亮一仗。2015年2月，某知名歌星在其影后女友36岁的生日派对上，通过大疆无人机送来了一颗钻戒并向女友求婚。这一消息迅速引爆社交网络，大疆无人机也因此一下子登上了网络热议话题榜。在中国，无人机产品绝对算得上是一个小众领域产品，但大疆却成功地闯入大众视野，其所引发的热度甚至超过了很多大众领域产品。

"话题性"流量货币的巨大传播价值由此可见一斑。在这个案例中，大疆把无人机的宣传成功隐藏在大众津津乐道的话题中。试想，如果大疆只是单纯发布无人机信息，会有人愿意关注并转发传播吗？当然会有，但这个群体很可能只会是小部分人。而包装上了"擅闯白宫""歌星向影后求婚"等热点后，大疆无人机搭乘这些热点话题，成功地吸引了人们的兴趣，被关注和传递就成为理所当然。试想一下，如果你在朋友圈里看到这样可以"八卦"的信息，会不拎出来嚼一番吗？这就是话题带来的热度！

"展示性"流量货币：
"晒"出价值与能量

在如今个人信息越来越透明的时代，我们看到最多的就是各种晒：朋友圈里有人晒风景、晒美食、晒"鸡汤"；某博上有人晒美文、晒感悟、晒心得；某书上有人晒日常、晒幸福、晒精力，就连一些运动平台和阅读平台也热衷于建立"好友圈"，让你每时每刻都可以看到好友的运动进展和阅读评论。

我们不禁要问：大家为什么如此热衷于"晒"？

其实，"晒"也是一种社交行为，我们称之为"展示性"流量货币。在生活中，我们每个人都有展示自己形象的需要，我们希望通过巧妙的展示让别人觉得自己睿智、有钱、聪明，或者灵魂有趣。晒风景，我们可能想要告诉别人，自己在旅游，在感受自然的陶冶或者接受人文艺术的熏陶；晒美食，我们可能想要向别人展示自己厨艺的进步和对生活的热爱；晒幸福，我们可能想要向别人展示自己美满的婚姻、蒸蒸日上的事业或者光明可期的未来……对于我们来说，这些信息是最直白的展示。

当然，还有一些间接性展示。例如在朋友圈里，有人转发最近各国机票涨价的信息，抱怨自己又要多一笔昂贵的支出。好奇怪，转发这种信息有什么用？动脑筋想一想你就会明白，他可能是想告诉别人，他是一个经常飞国际航班的人。

又如，朋友圈里经常会出现一些类似这样的信息，"如何识别人群中的聪明人"，里面写着三四种识别聪明人的方法。这类信息，往往会有很多人转发。为什么有人愿意转发这种信息？如果在朋友圈里看到这样的信息，看一下转发此信息的朋友，你会发现，里面肯定有一两条描述正好符合这个朋友的日常行为。他可能想借助这条信息，向别人展示自己是一个聪明人。

我们每个人都有展示自己形象的需要，但展示形象不能直接发朋友圈说："大家好，我是一个有身份的人，经常飞往美国。"或者说："我是一个聪明人。"这样说，未免会让人觉得自己有点神经。

那么，如何优雅大方又不失谦虚地向别人展示自己呢？我们上面所说的各种"晒"，以及那些间接性的展示，都是较好的方法。这是"展示性"流量货币，它总能悄悄地帮助我们展示自己的形象。

现在，我们已经知道什么是"展示性"流量货币了。在社交网络中，我们都在利用"展示性"流量货币展示自己，这便会出现一种传播——假如我们创造的信息能让很多人觉得可以以此展示自己，那么这些信息岂非价值很大？确实如此！**如果运用得当，"展示性"社交信息会是一种能量无穷、价值巨大的流量货币。**

某个情人节前夕，朋友圈里突然开始刮起一阵"晒结婚证"风。结婚晒证，本来没什么好奇怪的，可问题是，很多原本前两

天还单着的人，突然间也都开始晒起结婚证来。这是怎么回事？难道"闪婚"已经蔚然成风？自然不是。这是一款 H5 创意案例，商家抓住情人节"单身狗"容易"受伤"的心理，给了他们一个"晒"的机会。没女（男）朋友不要紧，没结婚也没啥，自动生成一个"结婚证"，在朋友圈里秀秀恩爱也不错。

这个 H5 创意案例火了，原因是它给单身狗们提供了一个展示自己的机会。展示什么呢？那张结婚证自动生成器生成的"结婚证"虽然是假的，但发在朋友圈里却可以为单身狗们代言：我想结婚了。

这个 H5 创意案例之所以能够迅速传播，就是因为它成功地展示出大多数"单身狗"的心理。这就是"展示性"流量货币的奇妙所在，当我们创作的信息内容能够成功地展示出某个群体想要却又难以表达的东西时，这样的信息就能迅速传播。

有些人转发我们创作的内容，可能并不是真正支持我们，或者说并不是我们的粉丝，他们只是借用我们的内容塑造自己的形象。没关系！我们要做的，就是把想要传播的信息融入这些能让别人借用的内容之中，让他们来传播。

例如，在朋友圈里，很多人甚至没有添加自己妈妈的微信，却喜欢在母亲节不断分享有关母亲节的信息。原因很简单，这可以帮助他们展示自己的形象，转发可以让别人知道他们是关心母亲的人，所以即使母亲从来看不到这个，也还是要转发。这也是为什么一到母亲节或父亲节，很多公司的市场部都要做铆足劲儿做一些活动的原因。活动做好了，自然转者如云，能起到很好的传播效果。

还有些时候，我们想要做一些炫耀性的展示。例如，一个美女想要发朋友圈展示自己迷人的小腹。可是，要怎样展示？直接发照片亮出小腹？那岂非成了赤裸裸的炫耀？这多不好意思！别着急，办法有很多。这不，有公司很快设计出了一个反手摸肚脐的活动，宣称如果谁能反手摸到肚脐，那就说明她或他有一副好身材。

对于那些想展示自己迷人小腹的美女来说，这绝对是一个机会，而且是一个别人无法诟病的好机会。有人问起，她可以大方地告诉别人，自己是受邀请参加这个活动，拍照也是为了参加活动而拍照，不是为了展示自己的身材。在这种情况下，很多人终于为自己展示身材的行为找到了一个合理的理由，于是大量转发就出现了。

如果留心，我们会发现，很多俊男美女朋友圈晒照片，从来不会直接晒，而是借助一些活动展示自己的形象。这样既能避免很多麻烦，又达到了展示自己形象的目的，可谓一举数得。这些活动就是"展示性"流量货币，它的价值不容小觑。**合理有效地利用"展示性"流量货币，我们往往能收获巨大的传播效果。**

如果我们创造的内容信息能够让人在朋友圈含蓄地晒胸却不会遭人白眼、优雅地晒小腹却不会被人耻笑、尽情地晒舞姿却不会被人嘲笑，那么这些信息就是价值巨大的"展示性"流量货

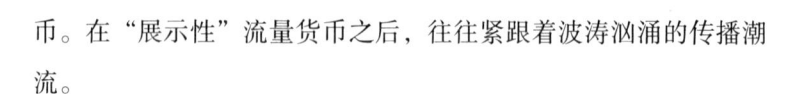

币。在"展示性"流量货币之后,往往紧跟着波涛汹涌的传播潮流。

这样想的时候,我们除了要考虑他们日常生活中想要表达的东西,还要去想他们到底有哪些表达障碍。通常来说,这些表达障碍是他们最头痛的事。如果我们能够帮助他们巧妙地通过障碍,就将很容易得到他们的认可和转发。

例如,我们都有发朋友圈的习惯,每隔几天总要发发朋友圈刷一下存在感。可是某一天,我们想发朋友圈了,却忽然发现,自己没有东西可发。发张照片吗?那些无聊的照片发出来也没意思。写一段文字发吗?如果写不好,那多不符合自己的形象。思前想后,我们最后还是发现,真没什么东西可发。

分析一下:这个时候,我们想到他们需要表达什么了吗?是的,展示自己。他们需要刷存在感,在朋友圈里展现自己出彩的一面。那么,他们的表达障碍是什么呢?没有素材可发,同时又怕勉强找到的素材不能展现自己的形象。

我们一旦把这些弄清楚,接下来就好办了。我们可以策划一些活动,让他们"有料"可发;或者像锤子科技搞海报、自己做海报生成器一样,让他们可以自己模仿海报发内容。如此一来,他们既能高水准地展示自己,又不用费尽心思到处找素材,当然会乐于接受,然后主动地转发。

"比较性"流量货币：
用户总是有好胜心

对于下列情况，我们一定不会陌生：

小时候，看到隔壁小孩有一个漂亮玩具，我回家对爸爸说想要一个更漂亮的玩具；

中学时，同桌成绩很优秀，我暗下决心，下次考试一定要超过他；

大学时，大多数同学都在用苹果6，我四处打零工做兼职赚钱，打算也买一台。

……

从这些，你看到了什么？很容易看到它们背后隐藏着的共同的两个字：比较。是的，人与人之间有强烈的相互比较的需求，而比较之后，我们才能确定自己的位置。小朋友为什么想要更漂亮的玩具，中学生为什么想要排名超过同桌，大学生为什么四处兼职赚钱买更昂贵的电子产品？甚至在某些平台上，很多人的运动步数和阅读时长，都成了好友之间暗暗比较的一组数据。这些行为全都源于和"他"比较的结果。大多数时候，比较不是坏事，它能使我们更有动力。而在社交活动中，人们习惯比较的社会行为，带来了"比较性"流量货币。

通过一个例子，我们先来了解一下什么是"比较性"流量货币。前一段时间,"微信运动"几乎牢牢霸占了我们的朋友圈。很多朋友戴着智能手环跑步,时不时地展示自己的"步行记录",有些人甚至为了冲榜而格外努力。这周没有在朋友圈排到好名次?没关系!下周继续"微信运动",争取排一个好名次。这种比较的社会行为,不仅勾起了大家的兴趣,更带来了继续参与的动力,一时间参与人群迅速扩散。

其实,这个"微信运动"就是通过人与人之间的"比较"带来了社交价值。**所谓"比较性"流量货币,就是利用人与人之间的比较的心理,加速信息的传播和流通,带来相应的传播价值。**简单来说,如果我们能够想办法促进人与人之间的比较,那么他们就可能会参加我们的活动,可能会积极阅读或转发我们的信息。如果我们在信息中加入一些活动,给用户设置最佳体验,那么他们可能就会疯狂地使用我们的产品。

媒体上曾报道,有一个50多岁的大妈参加了"微信运动"后,在微信好友中总是排名第一。这很奇怪,一位50多岁的大妈,怎么可能打败很多年轻人,排名第一呢?后来,记者对此事进行了调查,发现大妈为了朋友圈排名更高,直接把自己的智能手环系在小狗身上,这就是大妈排名"第一"的奥秘。这说明了什么呢?让用户比较,给他们设置最佳体验,真的能让他们疯狂起来,而疯狂则会加速传播,创造价值。

因此,如果我们想利用人们的"比较性"社交行为传播信息,带来价值,就一定要想方设法让用户之间形成对比竞争。我们要明白，这种竞争是人与人之间本来就需要的，我们只不过给他们提供了一种便利化的竞争方式，让他们自然而然地参加活动。这就好比用户想要选秀比美，我们不仅免费提供舞台，还免费召集参赛者和观众，这样肯定会令应者如云。而这正是我们想要的。

很多商家都懂得巧妙利用"比较性"流量货币来创造价值。

支付宝曾策划过一个10周年活动。用户更新最新版支付宝，会发现上面可以显示自己在过去10年中一共花去了多少钱，收入是多少钱。这个收入支出明细还可以发在朋友圈里，形成对比。很多用户原本不想转发朋友圈，但却禁不住好奇心的诱惑，想知道自己在朋友圈里排多少名，于是也参加了。当然，他们不仅自己参加，为了看看朋友的排名，他们还会邀请朋友共同参与。于是，这个活动再次成功宣传推广了支付宝。

美国某航空公司推出过一个活动，声称旅客乘飞机累计飞行10万公里，就可以兑换免费机票。对于一些经常乘坐飞机出行的人来说，这个活动可是实打实的优惠，因此很多人报名参与。可是一段时间后，大家却发现，兑换免费机票的旅客并没有预期中那么多。甚至，很多旅客积累的里程数完全可以兑换免费机票，但最后却没有兑换。

这是为什么呢？原来，这家航空公司推出的这个活动，除了可以让旅客免费兑换机票外，还可以让他们在朋友圈里暗暗竞争。有些旅客明明已经飞了15万公里，却不想兑换免费机票，因为兑换一张机票后飞机里程就要下降到 5 万公里，而朋友圈里朋友晒出的飞行里程是 12 万公里。他们想要跟别人对比，这种比较欲望甚至超过了金钱的诱惑。因为巧妙地利用了"比较性"社会心理，这家航空公司不仅通过活动吸引了大量的客户来参与，省去了一大笔广告费用，还省去了不少"免费机票"的费用，一举数得。可见，"比较性"流量货币能够带来极大的经济价值。

善于把握人们惯于比较的社会心理，是我们创造"比较性"流量货币的关键。例如，有媒体曾报道，情人节是一种"社会比较性"的节日，这个节日里很多情侣会受到比较的"煽动"而分手。原因很多，或者因为这一天你没有陪伴你的伴侣，而她正好和她单身的朋友在一起，一比较忽然觉得单身很好，所以最终与你分手；或者你送给你的伴侣一束玫瑰，而她的好友却收到了一颗钻戒，比较之下觉得你并没有真心付出，因此分手……

我们想要说的是，**人的比较社会心理往往蕴含着巨大的能量，这从"比较分手"中就可以看出，如果能够驾驭这种比较心理，那么我们创造出的"比较性"流量货币，将能带来多大的传播价值啊！**

"比较性"流量货币是创造内容帮助用户满足社交过程中的比较心理。这就好比我们在朋友圈里给用户的某种行为搭建了颁奖台，你第一、他第二、她第三。在这里，"比较性"流量货币给用户带来了一种心理上的满足感，这种满足感是金钱难以衡量的。当然，在这种满足感的驱动下，我们什么也不用说，用户自然而然就会分享传播。

"病毒性"流量货币：
把握好尺度的"传染"

众所周知，无论是生物学病毒还是计算机病毒，都有着"传播速度快"的特点。人们将病毒这个特点嫁接到营销学中，便有了"病毒性营销"的概念。所谓"病毒性营销"，就是利用用户口口传播的原理，让信息在互联网中像病毒一样迅速蔓延。这种营销方式常用于网站推广、品牌推广等，是一种高效的信息传播方式。而且，这种传播在用户之间自发进行，因此几乎不需要什么推广费用。

"病毒性"流量货币自然在"病毒性营销"的范畴之内。如果我们所创造的信息内容，既蕴含了原本传播的真实意图，又具有病毒快速蔓延的特点，那么这些信息就是有价值的流量货币。换句话说，"病毒性"流量货币，让我们创造的信息能像病毒一样被快速分享和传播。

"病毒性"流量货币意味着我们创造的信息具有极强的感染力，能感染才会有传播。美国著名心理学家菲尔·麦格劳曾经说过："某个信息由一个人传递给另一个人并最终扩散到数百人的情况是非常罕见的。被不断传递的唯一的事情就是病毒,对人类或电脑来说都是。"病毒凭借极其强悍的感染能力,把罕见的大规模扩散变成了事实,而"病毒性"流量货币同样也能用其非同一般的感染能力,掀起信息扩散的大风暴。

现在,我们来看看"病毒性"流量货币具有多么大的能量。

2015年,前央视记者柴静的新作《柴静雾霾调查:穹顶之下》,在各大视频网站上线之后,一周内引爆了公众关注与讨论。在微信、某博等社交网络上,更是引发了病毒式传播,引发全民刷屏。视频推出当天就在某视频网站获得600万次的播放量,被点赞6万多次,48小时内全网播放量达到惊人的2亿人次,《穹顶之下》跨平台的穿透力和引发的探讨,堪称2015年第一场"全民热议"。"柴静"这样极具标志性的新闻符号与"雾霾"这一深具大众现实诉求的话题相互发酵,成为《穹顶之下》爆红的重要基础。而"孩子""肿瘤"等个人故事的讲述与柴静母亲身份,也拉近了其与普通人的情感距离,更易引起公众共鸣与同情。时至今日,人们一提及"环境治理""雾霾调查"等字眼,还是会第一时间想起柴静那一番振聋发聩的演说。

"病毒性"流量货币提倡的是什么呢?物质也许是一方面,但绝不能是全部,柴静的演说中涉及了大量的物质利益吗?没有。"病毒性"流量货币中除了要有物质外,还要有震撼人心、引人思考的内容。柴静的演说显然抓住了人们都愿意关注、都愿意思考的问题——环境治理的重要性,将大众对生态环境破坏的担忧推上了一个思维的高峰，人们在残山污水、雾霾苍穹的震撼和刺激下，不断挖掘这件事背后隐藏的意义，因此得以快速蔓延。

总结起来，"病毒性"流量货币中往往隐藏着刺激性内容，它能让接触者像剥洋葱一样，第一时间起反应。当然了，仅仅是刺激还不够，"病毒性"流量货币还要求我们，要在第一时间获得可以有效传播我们信息的个人或组织的关注。我们要赶紧把这颗洋葱剥开，让辛辣味道第一时间散发出来。

现在，我们知道什么是"病毒性"流量货币了，也清楚其能带来多么强悍的营销效果。但是，明白不代表就能做到。事实上，无论是商家还是个人，真正能让信息实现病毒式传播的寥寥无几。原因无他，想真正抓住让人们感到刺激、震撼并持续起作用的东西，实在太难了。在这里，我们总结出一些经验和建议，希望能够帮到有需要的读者朋友。

第一，不要以为你的内容足够吸引人，其实还差得远。

这话怎样理解呢？曾经有位导演对朋友说："我们在拍摄电视剧找群众演员的时候，未必都找那种明眸善睐的人，而是或多或少有一些兼顾，高矮胖瘦都会上来一下。原因是，有人喜欢漂亮的，也有人喜欢平凡一点的，更有人喜欢稍微矮胖一点的，要想让更多人喜欢，刺激必须是多倍的。"这位导演的话，可以看成"病毒性"流量货币的金科玉律。

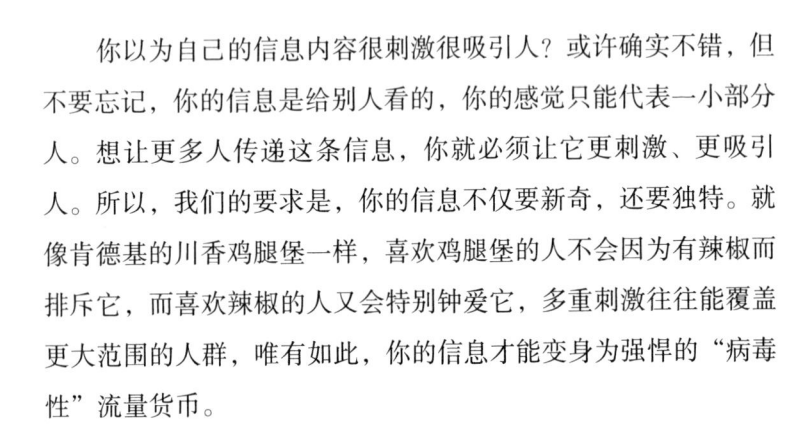

你以为自己的信息内容很刺激很吸引人？或许确实不错，但不要忘记，你的信息是给别人看的，你的感觉只能代表一小部分人。想让更多人传递这条信息，你就必须让它更刺激、更吸引人。所以，我们的要求是，你的信息不仅要新奇，还要独特。就像肯德基的川香鸡腿堡一样，喜欢鸡腿堡的人不会因为有辣椒而排斥它，而喜欢辣椒的人又会特别钟爱它，多重刺激往往能覆盖更大范围的人群，唯有如此，你的信息才能变身为强悍的"病毒性"流量货币。

第二，信息内容有争议是好事，但不能过火。

细心观察，你能发现身边的人都喜欢传播什么信息吗？你肯定会发现，一些带有人性阴暗面或者桃色信息的负面新闻传播很快，这不奇怪，因为在生活中负面信息的传播速度远比正面的要快，但它遭到的反噬也更加严重。有时候，我们可以利用对信息内容的争议推动关注点，让其传染性更强，传播速度更快。但是，要切记，必须保持在一个合理的探讨范围内，坚决不能为了获得关注而不断尝试传播一些不利于社会的信息。

另外，我们创作信息时还要注意，信息内容一定要简短。那些我们认为吸引人的、有一定完整长度的视频、文章等信息，通常很难在网络上进行大范围传播。原因很简单，微信、某博、某书、某音受众的注意力跨度非常短。信息内容太长，观众还未看到重点便已经转移注意力去看其他了，何谈传播？所以，我们的信息内容一定要像新华社的简讯一样，简明扼要地说明一件事，这会比煽情更有效果。

第三，可以适当付一些费用。

虽然"病毒性"流量货币能带来免费的快速蔓延，但为了传播效果更好，我们也可以试着支付一些推广费用。武侠小说中，一个一流剑客的剑术再高明，也往往敌不过一群二流剑客的围攻。所以即便我们的信息内容有着很强的"传染性"，但由于平台有限，撒网面积太小，也有可能无法取得期望的传播效果。适当付一些费用，结果可能就不一样了。无论我们是想让一些大V转发自己的信息，还是想让自己的话题出现在一些论坛社区的主要位置，花些费用都可以办到。我们一定要记住，时间、金钱、创意三者有机结合，才有可能获得比较好的传播。

还记得前段时间"猫meme表情包"的视频吗？它由于视频承载信息量小，符合大众对碎片化信息的需求，曾像病毒一样疯狂蔓延，被传播千万次，并且成功地引起了媒体的注意。网红王女士的"躲避舞"更是以魔性的身姿和节奏一路火到了国外，无数国际友人竞相模仿。不要觉得难以置信，如果你的信息内容能同样有趣、同样引起受众共鸣，如果你能有效推广，你也可以让自己的"病毒性"流量货币发挥最大价值。

病毒式传播科学家乔纳·伯杰在他的《疯传：你的产品、思想、行为像病毒一样入侵》一书中说：是什么让内容疯传可能并

不重要，但一旦引起目标受众的共鸣，就很有可能成功。记住，新奇独特、刺激有趣、引起共鸣，是"病毒性"流量货币的核心所在。

"爆炸性"流量货币：传播界的王者

第一次听到"爆炸性"流量货币这个概念的人，可能无法一下子理解它的意思——什么是"爆炸性"呢？

"爆炸性"新闻我们一定听说过。所谓"爆炸性"新闻，即传播后会引起极大轰动的信息。**既然社交活动中产生的价值是流量货币，那么"爆炸性"信息引发的社交活动所产生的价值，就是"爆炸性"流量货币。**

"爆炸性"流量货币的发起者是"爆炸性"信息，我们来看一则由"爆炸性"信息引发的社交活动。

2015年8月12日午夜，位于天津市滨海新区天津港的瑞海公司危险品仓库发生火灾爆炸事故。事故发生后，各种与大爆炸相关的信息开始在网络上快速传播。网民们不仅在第一时间报道了此事，更是通过智能手机记录下了关键一刻。通过微信和某博，天空突现蘑菇云、窗户被震碎、汽车被烧毁等现场情形，全都一览无余地出现在公众视野中。相比之下，电视台、报纸等传统媒体介入的速度就慢多了，反应最迅速的几家媒体在13日凌晨才开始报道此事件。

在这次爆炸事件中，微信、某博成为传播的主力。新浪某博检测显示，"天津爆炸"相关结果达到200多万条。新媒体指数搜索相关微信文章显示，"天津爆炸"相关文章超过4.11万篇，总阅读量超过1.17亿。

看到这些数据，你一定会惊讶于"爆炸性"信息惊人的传播效果，而这也正是我们想要表达的——**在信息传播世界里，"爆炸性"信息是当之无愧的王者**。"爆炸性"信息的特殊之处在于，它能够利用信息本身所具有的独特、刺激、意外、震惊等因素，让受众产生强烈的分享欲望，从而产生爆炸般的扩散蔓延。

例如，在"天津爆炸事件"这场突如其来的灾难中，震惊、祈祷、悲伤等情绪强烈地刺激着所有受众，同时迫使他们急于向外界传递自己的情绪、分享自己的心情。人同此心，于是这件事能在微信、某博上快速、广泛传播也就不难理解了。

我们说过，分享转发其实和吃饭睡觉一样，本身就是人的天性，是不需要金钱和鼓励就会自动去做的事情。"爆炸性"流量货币不但能让人主动分享，还会让人产生强烈的分享欲望。如果说其他类型的流量货币是香醇美酒，那么"爆炸性"流量货币就是窖藏多年的珍品，其独特的属性往往能够产生极深极广的影响。

毫无疑问，在信息时代，"爆炸性"流量货币的社交价值极高，也就是非常"值钱"。既然如此，那么我们如何去创造"爆炸性"流量货币呢？其创造的关键点在哪里？

想要创造出"爆炸性"流量货币，我们就必须学会寻找信息的"爆炸点"。也就是说，我们要懂得在信息中加入一些"火药"，让产生的流量货币能够刺激到人们的神经，从而产生信息爆炸。

我们再来看一个例子：

2023年7月，一股"拜佛风"突然席卷了整个网络。某一个电影的花絮片段里，诈骗团伙头目的演员云淡风轻地用手随意划一划脖子，交代手下把人抹了，随后转身恭恭敬敬的向着观音埋头一拜，这组反差感极强的动作搭配上韵味十足配乐，瞬间点燃了网友们的模仿热情，一时之间越来越多的网红加入了这场"拜佛热潮"，甚至出现了民国旗袍版和二次元COS版，与此同时，也有越来越多的人被吊起了胃口："这是怎样一部电影呢？"

同年8月，《孤注一掷》横空上映，许多人被好奇心驱使着进入电影院"来看看那个拜佛的头目后来怎么样了"，没想到一进去就被紧贴社会热点的题材、紧张的剧情、以及演员们的精湛表演吸引住了。这部电影聚焦境外电信诈骗，通过真实而细腻的叙事手法，揭示了人性的贪婪和盲目，展示了诈骗犯的心理动机和犯罪手法，让人看后不禁深思，教育意义十足。

理所当然的，该电影的票房表现也十分出色。据2023年11月的报道，该片最终票房成绩为38.48亿，位列2023年内地票房榜第3，内地影史票房榜第11。不仅豪夺暑期档三冠，还打破了16项影史纪录，在海外放映中也取得了票房佳绩。

电影《孤注一掷》还未上映时，片段花絮在某音上的播放量就已经突破80亿次，这场"爆炸性"的短视频预热营销，有效拓宽了电影的宣传接触面，也提高了观众对电影的期待值。之后，电影官方又与多地公安机关、学校、社区进行合作，组织公众免费观看《孤注一掷》，并在观影现场进行反诈知识宣传，将电影作为反诈教育的一部分，这种合作不仅提高了电影的社会影响力，也为电影的宣传增添了公信力。

在《孤注一掷》热映的余温下，网友正沉浸在剧情带来的震撼里，电影的节奏是如此紧张，"反诈"话题是如此深刻，热议之下，谁会在乎这是不是一场营销呢？。

美国《华尔街日报》资深撰稿人布隆代尔曾经说过，最适合登在报纸上的新闻就是《我在FBI工作时如何通过与狗熊发生关系而找到了上帝》，这类新闻是最容易引起兴趣、成为谈资的新闻。之所以会被人们阅读、谈论、传播，是因为它与人们日常所见所闻的现象不同，独特的现象能够提供谈资、刺激视听、引发传播欲望。

那么"爆炸性"流量货币呢？假如我们想把上述新闻打造成"爆炸性"流量货币，那么其标题可能会是《美国总统在白宫工作时如何通过与狗熊发生关系而找到了上帝》。多装一些"火药"，也就是多加入一些"引爆"元素，我们就能创造出"爆炸性"流量货币，并用其产生极大的价值。

"热点性"流量货币：
来得快去得也快的全民传播

每天都有热点，热点带来话题，热点带来关注，热点带来流量货币。

热点有一定的必然性。高考时节，有关高考的一切都是热点；奥运期间，每个运动员的表情都可能是头条；黄金周期间，旅游和相关讯息随之大热；双十一快到了，买什么、怎么买又成了焦点。简言之，**一切有大量人群关注的信息都可以称之为热点，与之相关的网络社交行为所产生的影响力，就是"热点性"流量货币。**

"热点性"流量货币和"话题性"流量货币的区别是什么呢？热点是一时的，它的时效很短，很快就会被新的热点覆盖。想要利用热点，必须手快脚快反应快，迅速推出吸引人的段子或广告，迅速吸粉。这是每一个深谙线上社交之道的流量货币持有者都具备的常识。

2024年夏天的头等大事无疑是巴黎奥运会，这个大热点是无数人挖掘流量货币的好机会：

比赛还没开始，各种话题就已经展开，"为了环保将打造没有空调的运动员村"的消息首先占据人们的注意力，人们不得不为健儿们的衣食住行操心；法兰西体育场那如梦如幻的紫色跑道迅速引起了一片惊叹；更有甚者争先恐后的开始预测今年我们能拿到多少金牌。赛场内外的中国元素，如中国文化主题展览、中国科技产品等，更是成为之后经久不衰的话题。

开幕式作为一场集结了体育、艺术和文化的盛宴，吸引了全国各地的人一起观看直播，大家称之为"最会玩梗的一届开幕式"。法国巴士底狱中放声高歌的断头王后，塞纳河中的油画人物头像，小黄人偷走名画《蒙娜丽莎》，还有《最后的晚餐》中引起无数人关注的"蓝精灵"……短短数个小时，这些"名场面"一波又一波冲击着整个互联网，无数人在工作和学习的间隙密切的关注着这一场狂欢，即使一夜过去也热度未减，无数讲解视频、二次创作以及动图、表情包铺天盖地而来，滚烫的热度让每一个人都面红耳赤的讨论着、传递着相关的信息。

运动员们不但在赛场上展现实力，还在社交网络上全方位展示自己的其他方面。有人"晒"自己的好身材，有人展现逗乐的个性，有人"晒"出与赛场上截然不同的美照。不论输赢，粉丝们的目光都已被牢牢吸引。

段子手和P图高手们自然不会放过这个机会，于是一套接一套的表情包迅速出炉，一条接一条的短视频得到了疯转。潘展乐的"告状式"发言，"00后勇闯奥运会"系列引起了一阵阵赞叹，就连之前负面风评缠身的张本智和都被网友笑称为"破碎感天花板"。各种对比图、表情包说明奥运不但是比赛，更是一场全民狂欢。

热点带有深度挖掘的特性，围绕热点展开的各种议论，都能轻易成为新的热点。潘展乐提及偶像孙杨，引起了新一轮"池中王者"的追忆热；樊振东喜提大满贯，网友开始细数中国乒乓历届的强兵猛将，郭晶晶惊喜亮相成为巴黎奥运会主裁判，很难不令人回想起当年"跳水皇后"的风光无限……

关于主办国巴黎的一切都在升温，事故不断的奥运村引发了疯狂的吐槽，巴黎的美景和美食则被有心的博主们好好地介绍了一番，也有人借机科普法国的历史，巴黎自由、浪漫的风气也是议论的重点，甚至有人干脆给网友做好了"巴黎七日游"的攻略。

每一轮比赛都引起新的高潮，金牌榜第一的激烈角逐牵动着全民的心脏，所有人都在为结果捏一把汗；为运动员加油点赞成了日常任务；也有人发言不慎引发骂战，同样上了热搜榜。

任何人都可以参与热点议论，你的参与就是流量货币增值的开始。如果你发布的话题有见地，你的作品让人觉得有趣，你能够发起一个全新的话题，那么你的名气就会随之增加，你会因为一次大规模转发而得到数位粉丝的关注。**这就是"热点性"流量货币的特点：人人可以参与，人人可以持有。**

任何热点新闻都可能引发这一现象。不过，"热点性"流量货币有一个缺点——随着热点过去，有关热点的议论也会变冷，倘若你一直唠叨已经过去的热点，粉丝们就会觉得你在吃老本。

尽管任何人都可以得到"热点性"流量货币，但这种流量货币保值性最差，最容易流失。而且，得到它的机会也转瞬即逝。

所以，当热点发生，我们一定要尽快参与，趁热打铁，充分收获"热点性"流量货币的价值。

谨记三原则：流量货币的根本是有价值的内容

现在，让我们总结一下流量货币的三大原则。

原则一：传播决定价值

在互联网环境里，价值观念发生了巨大的变化，除了某些传统价值外，互联网上的观点、作品、形象、商品都要接受流通限制，能够顺利传播的那一部分，才能产生影响、实现价值；未能形成传播规模的部分，会在信息大潮里迅速消失、被人遗忘。

传播既要有广度，又要有速度，最好还能有深度。广度决定信息能被多少人接收，速度决定信息能否占据传播高峰，深度决定信息生命的长度，三者的基础都在于信息能否顺利传播。不关注互联网传播媒介的人，只能实现小范围共鸣；善于利用互联网传播的人，才能达到最好的宣传效果，得到大量的流量货币。

原则二：我们不只是流量货币的获取者，也是提供者

流量货币的价值在于流通，自愿分享是最常见的流通手段，

分享可以策划，无法强制，分享规模由分享内容和粉丝规模决定。这就意味着想要得到更多的流量货币，就必须注重分享信息的内容，以内容取胜。

在网络社交中，关注的本质是什么？自己是否能在分享行为中获得流量货币。你提供最有内容的流量货币，让分享的人能够乐于分享并从中得到关注，这就是流量货币的运行规则。换言之，谁能提供最有内容的流量货币，谁就能迅速成为分享的焦点，促进更大规模的传播。把自己当成"流量货币提供者"，能够提高自身形象和流量货币价值，是比"流量货币获得者"更高明的定位。

原则三：若不能参与流通，持有流量货币无实际意义

流量货币在流通中才有价值，流通由用户参与决定。能否激起他人的参与、互动的兴趣，是流通的关键。网络时代，人人想要参与，人人期待分享，流量货币倘若缺乏参与性，不能满足他人的期待值，就会失去价值。

流量货币是一种外向型资产，它要求持有者具备外向思维，也就是互联网思维，积极策划、展示、宣传、推动信息的流通，它的内在诉求则是资源互补和资源交易。流量货币交流是一种双向交换，要求我们本身积极参与，并唤起其他人的参与兴趣。没有参与，流量货币体系就会崩溃，流量货币再也没有意义。

在本章里，我们详细介绍了6种流量货币，这些流量货币价值不一，但其根本只有一点：**有价值的内容**。普通人增加流量货币的办法不外乎参与话题、参与比较、发表意见、回应热点；想要增加流量货币，就要设计内容、不断互动、展现才华、适当营销；想要流量货币爆炸式增加，则要制造"病毒性"话题，或者有惊艳的内容表现……流量货币思维看似复杂，实际操作并不困难，每个人都可以拿着手机亲身实践。

需要注意的是，你必须接受一整套新思维，包括尊重时代和技术的互联网思维，遵守包容和多样的网络社交规则，学会在海量信息中甄别有效有用的信息，打通线上线下交际圈，关注自己的社交形象，打造个人口碑，学习并利用流量货币常识……这是一种思维颠覆，是一场生活变革，是一次个人挑战。

新时代，新想法，新做法。作为一种新型资产，流量货币将显示越发重要的作用，将成为个人资产的重要组成部分，它的无形价值不可估量。

想要持有流量货币，就要了解流量货币的价值，掌握流量货币的流通规律，避免流量货币的贬值风险，之后才能发挥流量货币的真正价值。

掌握原则，重视类别，遵守规律，开发创意，重视营销，你就一定能成为一个流量货币的投资高手！

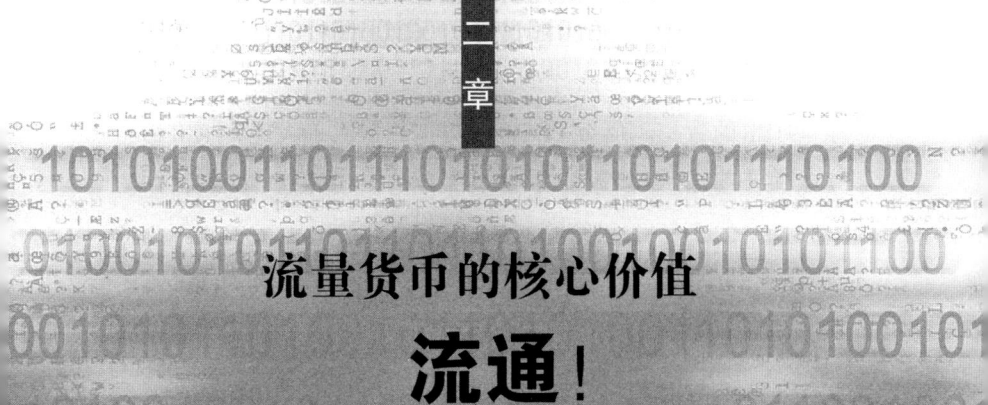

第二章

流量货币的核心价值
流通!

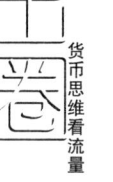

在这个数字洪流汹涌澎湃的新时代，我们的世界每天能产生多少数据？据 IDC 发布《数据时代 2025》的报告显示，全球每年产生的数据将从 2018 年的 33ZB 增长到 175ZB，相当于每天产生 491EB 的数据。那么 175ZB 的数据到底有多大呢？1ZB 相当于 1.1 万亿 GB。如果把 175ZB 全部存在 DVD 光盘中，那么 DVD 叠加起来的高度将是地球和月球距离的 23 倍（月地最近距离约 39.3 万公里）。据 IDC 预测，2025 年，全世界每个联网的人每天平均有 4909 次数据互动，是 2015 年的 8 倍多，相当于每 18 秒产生 1 次数据互动。没有人能真正做到对如此巨大的时代河流不闻不问。

货币的核心价值在于流通，在于实现自己的价值、创造更大的复利，而不是仅仅充当一种支付工具。事实上流量货币也是一样，流通不仅仅是一种潮流，更是一种迫切的现实需要。每个想要推广自己的人，都需要以自身所持有的流量货币参与网络流通。这种流通能够带来可观的利益：你能够向更多人展示自己，方便交友、合作或者就业；你获得了畅所欲言的空间，能与更多有想法的人进行交流，促进自身的成长；你还可以将人气转化为购买力，将流量货币变现……

假如我们把人民币一直锁在保险箱里，那它同白纸又有什么区别呢？网络是一个功能齐备的工具，很多人却只使用它最微不足道的部分。与其每天都被动地做信息的末端接收者，不如主动蹚入这条流量货币的河流。

迈出参与的第一步

当某乎网站的大幅广告出现在地铁站时，你大概不会觉得惊讶。某乎是继论坛、某瓣等分享性网站之后，成为国内首屈一指的线上交流社区。专家、律师、记者、工程师、摄影师、医生、画家……各个行业的精英和新手们在网页上展示着自己的知识，问题五花八门，回答莫衷一是，从知识普及到理性辩论，这里有关于知识的一切。

某乎的成功又一次证明了流通的重要性。把知识放在脑子里，或者仅仅放在工作场合里，它只是知识和技能；把知识放到互联网上，放到有疑问的人的提问下面，它就成了表述、成了态度、成了话题。它所带来的关注和影响，就是你的流量货币。**在这样的大型分享网站上，每个人都可以参与，每个人都是主角，每个人都可以获得大量的流量货币——只要你有能力。**

参与决定了流量货币的流通程度，流通范围越广，关注的人越多，流量货币就越有价值。究竟是什么决定了人们愿意参与某件事？是报酬、爱好还是习惯？报酬性参与让人只看到酬劳，看不到参与内容；爱好性参与让人盯着爱好，容易形成小范围交流圈，而不是大规模传播；习惯性参与是一种心理惯性，只贡献点击率或转发率，没有自发的宣传性。只有存在感、价值感和成就感，才能让人心甘情愿地加入传播，不断宣传。

就拿某乎网站来说，一个问题引起很多条回答，有些回答详细、客观，文字上也有修饰，毫无疑问，答案花费了答主很多的时间和精力，而这样的答案却是免费的。一个答主愿意免费贡献诸多有价值的答案，不求回报，为的就是展示自己的才学。从参与中获得价值感，这就是参与的原动力。

所以，想要加快流量货币的流通，需要更多人参与，这种参与可能是静态的关注，也可能是动态的互动，后者可以引发更多的参与，当参与的基数增大，流量货币的规模就会成倍增加。**如何引导人们参与，是每个流量货币持有者都应该思考的问题。**

最简单的参与是签到，让打卡变成习惯。每一天的签到既贡献了点击率，又能顺便看到更新的内容，增加转发的概率。签到条上的红花代表着最简单的成就感，随之而来的徽章或头衔，又增加了签到者的流量货币，让签到者更有存在感。

话题当然是参与指数最高的项目，抛出的话题要让人产生表达的欲望。和某乎齐名的某瓣网，其小组模式就很成功，可以让人迅速找到志同道合的人，又能就自己关心或擅长的话题发表议论。

因为有共同兴趣，这种互动很容易碰撞出火花，扩大影响，让更多的人产生兴趣，也为网站积累了大量的粉丝。个人媒体只要善于发起话题，也能取得相同的效果。不必当话题主导者，而是当一个话题组织者，这是积累人气的秘诀。

为他人提供展示空间。流量货币只有在流通中才能体现其价值，越多的人参与就有越大范围的流通。每个人都有展示自己的愿望，所以只要鼓励他们展示，并提供给他们展示的舞台，他们就会主动参与其中……最初的互联网论坛都靠这种平台参与取得了成功。个人也可以承担平台的责任，通过推荐、转发或授权发布的形式，欢迎他人参与。

低门槛的大众活动让大众参与成为可能。这是一个平民化时代，普通人能轻易找到舞台展示自己。例如，汉字书写大赛，成语大赛，一站到底的参与者大多是普通人；电台的选秀活动，目光也对准了有天赋却没有门路的普通人。网上活动更是如此，低门槛，甚至不设门槛，尽可能多地吸引参与者，同时提供奖励措施，让每个人都能看到机会。

竞赛类活动刺激人们的参与意识。搞一次比赛，让大家都来关注赛事、制作作品，本身就是一个热点话题。奖品就算不丰厚，名次也可以给人带来名誉和粉丝。竞赛类活动还能直接与赞助商、与广告相关联，也是一种不错的宣传手段。

需要注意的是，网络参与无法强迫，只能自愿，主动权掌握在网民手中，平台只有不断提高自己的创意度、好感度和话题度，才有可能得到网民的重视。

"刺激网民的参与感"与"参与带来热度"相辅相成。不论是企业还是个人，只要将自己的形象投放到网上，就带有传媒性质，能否引起大规模流通，关键在于能否唤起更多人的参与兴趣。**把他人当作主角，考虑网民需要什么，才是提高参与感的关键。**

普通人也能成为意见领袖

1944年，拉扎斯菲尔德在《人民的选择》一书中提到了意见领袖这一概念，指在团队中构成信息和影响的重要来源，并能左右多数人态度倾向的少数人。在消费行为学中，这类人特指为他人过滤、解释或提供信息的人，这种人因为持续关注程度高而对某类产品或服务有更多的知识和经验。衍生到营销学中，又逐渐被细分为名人效应、关键意见领袖（也就是我们常说的KOL）以及关键意见消费者（KOC）。

说到名人效应，我们不妨大胆假设一个场景，如果周杰伦在采访中对一家餐厅赞不绝口，将会出现什么情况？

相信大家都知道答案，这家餐厅会以最快速度被粉丝们搜寻出来然后一夜挤爆。

周杰伦作为一位享誉国际的华语流行乐男歌手、音乐人，曾15次荣获金曲奖，在7个不同的音乐奖项类别中都有一席之地，还曾多次获得世界音乐大奖颁布的"全球最畅销亚洲歌手"，形成了独特的"周杰伦印记"，在华语乐坛留下一道永远的传说。

周杰伦的粉丝数量极多，号召力大且忠诚度高。据一次不完全统计，他在全网社交平台上的粉丝总量至少达到了3803万，这使得他偶尔纰漏出的每条信息都能像重大新闻一样四处扩散——想想看，超过千万人的口耳相传，那将是怎样的一种传播效果？网络上曾有这样一种说法，用以形容粉丝惊人的传播效果：粉丝超过1个，就是自娱自乐；粉丝超过100个，就是一本内刊；粉丝超过1000个，就是个布告栏；粉丝超过1万个，就是一本杂志；粉丝超过10万个，就是一本都市报；粉丝超过100万个，就是本地电视台；粉丝超过1000万个，就是省级电视台；粉丝超过1亿个，那就是中央电视台了。

如此，我们就能比较容易想象得出周杰伦惊人的影响范围了。

信息时代，最难得的就是关注度。我们一直在谈论流量货币，知道流量货币能帮助用户完成某种社交任务，也知道有价值的流量货币能形成极大的传播范围。现在某个餐厅的名字出现在周杰伦的采访里了，也就是说，从这个信息出现的那一刻开始，就已经高高坐在"有价值的流量货币"的宝座之上，让上千万人阅读甚至传播。这将带来巨大的价值。

不过随着数据时代的疯狂推陈出新，"名人效应"已经不是最火热的概念了。"KOL"和"KOC"逐渐成为新的意见领袖代名词。

近年来，互联网出现了真正的信息传播平民化浪潮。在这个

"全民皆播"的时代，以社交平台、个人账号甚至个人电子杂志为代表的自媒体，正扮演着越来越重要的传播角色。它携带着庞大的信息量，正悄无声息地演变成一种社会时尚，悄悄释放着平民大众斑斓的人性。

自媒体最大的特点是平民化，即每个人都能成为传播的主角。美国著名硅谷IT专栏作家丹·吉尔默给自己的专著《自媒体》起了"**草根新闻，源于大众，为了大众**"的副标题，一针见血地道出了自媒体平民化的最根本特点。在自媒体世界里，我们每个人都可以从"旁观者"转变成"当事人"，每个人都可以拥有一份自己的"网络报纸"，在上面"想写就写""想说就说"。当然，我们在自媒体上畅所欲言、尽情表达观点的同时，也在努力构建自己的社交网络。

平民化的自媒体，给了我们"想说就说"的平台，同时也带来了信息的快速传播和蔓延。在自媒体世界里，由于所有人都可以拥有话语权，再加上网络传播的便捷与高效，因此大量的新闻、故事、新鲜事被迅速地传递与传播。于是，一个丰富、生动、开放、全面、多元的精彩世界，以近乎透明的方式，快速出现在我们所有人面前。**多元、迅速的传播，是自媒体最大的特点，而这个特点能带来无可估量的价值。**于是，人们所追随的关键意见领袖也逐渐从遥不可及的"名人"到有平台权威保障的"关键意见领袖"，再到出自消费者群体再引领消费者群体的"消费者意见领袖"。比起带着完美光环的明星，接地气的普通人反而更能得到消费者的信赖和支持。

　　前段时间，一位 50 岁阿姨因潇洒自驾游在网上一炮而红。面对网友的疑惑，她坦然表示，几十年来她一直囿于柴米油盐的辛劳，为家庭贡献自己的精力和血汗，从抚养孩子，到孩子成人、成家立业，终于熬到外孙上幼儿园。回首望去，除了被消磨的青春和无尽的遗憾，竟然没有留下任何独属于自己的美好，于是阿姨毅然用自己和女儿的钱分期买了辆汽车，决定放下以前的生活，出去走走。看完阿姨的视频，网友们纷纷唏嘘她的婚姻故事像镜子一样，映射许多上一辈女人的婚姻困境，更有粉丝感触地写到："力挺阿姨的勇敢和洒脱，愿更多人学会悦己、爱己、愈己。年龄只是数字，任何人都有资格揣着梦想行山过水，一路向前。"

"低汇率"的货币往往最难流通

　　发布话题，参与传播，产生价值，这是流量货币的流通顺序。话题的热度和传播的广度直接决定了流量货币价值的高低。不过，话题热不代表生命期长，传播广不代表影响力大，内容的含金量同样能决定流量货币的价值。——无论是个人还是产品，都需要具备独特的"诱人"魅力。没有魅力的内容就像是低汇率的货币，即使积极推进流通也是反响平平，一路贬值。

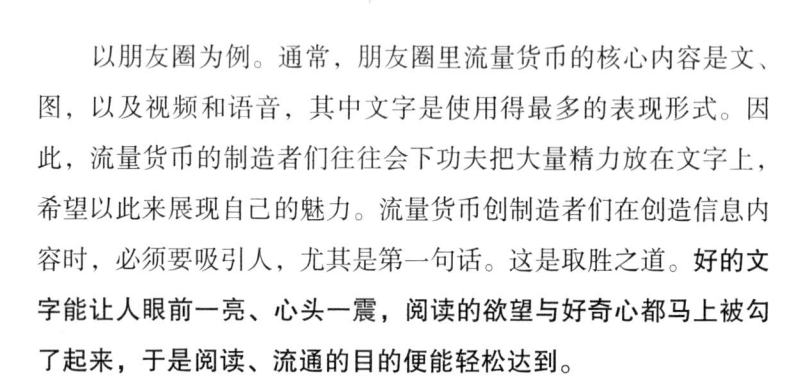

以朋友圈为例。通常，朋友圈里流量货币的核心内容是文、图，以及视频和语音，其中文字是使用得最多的表现形式。因此，流量货币的制造者们往往会下功夫把大量精力放在文字上，希望以此来展现自己的魅力。流量货币创制造者们在创造信息内容时，必须要吸引人，尤其是第一句话。这是取胜之道。**好的文字能让人眼前一亮、心头一震，阅读的欲望与好奇心都马上被勾了起来，于是阅读、流通的目的便能轻松达到。**

当然，这并不是说我们创作信息内容的时候，可以毫无原则、没有针对性地哗众取宠。我们在制造流量货币时，其内容一定要建立在既能展现个人魅力又能对用户社交产生帮助上，否则就是华而不实。华而不实也许能激起他人一时的兴趣，但不会实现真正的流通。

对于流量货币来说，无论是以文字出现的信息、以图片出现的信息、以视频音频出现的信息还是文图视音结合出现的信息，魅力都如同优秀歌曲开头的旋律，对于传播流通是最重要的一个环节。

想要自己的内容有更富有"魅力"，需要掌握四个"度"：

第一，**速度**。抢先发布和快速转发是最直接的方法，包括由此而生的议论、周边作品以及引导讨论，速度决定了你能否抢占更大的平台。对于热点话题，你必须当即有所反应、有所行动，此时不需要深思熟虑。否则，当你苦思冥想三五天，终于想到一个绝妙的舆论引导办法时，话题却早已降温，关注者早已把注意力转移到了新的热点上，你只能一个人炒冷饭。没有速度，耗时耗力也得不到好处。

第二，**角度**。有人靠反应快抢占先机，有人靠角度独特抢占空间，两者都透着机灵，后者更机灵。只有一个角度的话题令人乏味，很难引起大家长时间的关注，但换一个角度去引导关注者思考，就能拓展信息接收者的思维，使普通流量货币变成可传递、可讨论的流量货币，实现增值，从而加快传播速度。角度是独辟蹊径的智慧，有角度就有出路。不要害怕与人抢话题，只要你有角度，即使陈旧的话题也能焕发生机。

第三，**温度**。网络呼唤人情味，呼唤有情怀的主题，呼唤有人道感的议论。负面议论和负能量质疑让人们灰心，如果你能从信息里发掘正能量，或者呼吁人情关怀，就能切合人们的向上心理，你发布的消息就有了温度。从人情角度解读消息、进行传播，就能让人们看到一个积极的态度、一颗温暖的心。不要小看感情的力量，它同样能够占据制高点。

第四，**深度**。对一个消息，人们有自己的判断，想要说说自己的主张，也渴望有见地的议论。用心思考，用心挖掘，以深度取胜，依然能让你拥有不可取代的位置。人们可能会错过五花八门的议论，但对于名笔们的"深度发言"，大多会仔细阅读，这就是深度的影响力。深度代表智慧，当一个有智慧的人，即使错过信息高峰也没有关系，因为智慧本身就是高峰。

没有速度就思考好的角度，没有深度至少要有温度，如果

这些"度"都达不到，你依然可以参与话题，至少你还有个人态度。你表达的态度就是你的流量货币，如果不能引起大规模的传播，至少能在你的朋友圈里流动。流量货币不怕动作小，就怕没有任何行动。

收费服务为什么要从免费做起

古语说："万事开头难"。经常有人在灵光一闪之后就热火朝天地想素材、写文案、剪视频、搭框架，为了增加内容的含金量而废寝忘食，自以为付出如此大量的精力和时间，自然会一夜爆火、声名鹊起，却在坚持一段时间后对着自己寥寥无几的收获唉声叹气，不由得从心底里发问："我总是写一些东西免费给别人看，岂不是一辈子也没法变现？"

我们来看看Freemium——一种常见于互联网的商业模式，它的运作方式分三步：

第一步，靠免费服务吸引大批用户；

第二步，推出各种增值服务；

第三步，将部分免费用户变为收费用户，用来支撑网站运营，同时依然保留免费用户，作为潜在收费用户和网站规模的保障。

可以说，如今的互联网巨头们在创业之初，都要靠"免费"这张王牌打天下。淘宝最初是个免费的交易平台，QQ最初是个免费软件，百度最初也是个完全免费、无须竞价的引擎。免费使用带来了巨大的用户流，这些流通中的交易、聊天、搜索以及点击，都变成了网站的流量货币，网站靠免费取得了巨额社交财富，时机一到，就会带来源源不断的现金财富。

为了在竞争中占有一席之地，不少企业选择免费推广。例如，在互联网兴起后，计算机病毒随之泛滥，杀毒软件成了走俏品。最初的杀毒软件需要付费，而后起之秀360却推出了免费杀毒软件，一跃超过了金山、瑞星等老牌杀毒软件，顺便推广了它的浏览器。这是免费推广的经典成功案例。

不过，免费推广也有它的弱点：大规模的免费需要大笔资金做后盾。在很长一段时间里，企业需要面对"零收入""负收入"，很多企业撑不过这段时期，淘宝等巨头全都经历过艰难的创业期，好不容易才杀出了一片天地。于是，一种缩短免费周期、提高变现效率的模式被推广开来，这就是Freemium。

让我们以网游来说明Freemium的流量货币和变现的秘密。

一款网络游戏即将推出，首先要大规模地做广告，炫耀其世界观的恢宏，美工的精致和人物形象的与众不同，也许还要请某位明星出任代言人，以进一步提高名气。一些优惠必不可少，包括赠送物品并承诺公测不删档等。游戏迷的胃口被吊了起来，于是纷纷点开了这款游戏，结果发现故事有趣、人物好看、用户不少、难度适中，于是建立角色，开始游戏。

每一天都在进行升级，每一个任务都有不同的成长值，在游戏里结识了不少人，又让自己的朋友们也一起来体验这个游戏——游戏就这样固定了新用户，带来了更新的用户。用户们很高兴能在业余时间找到了这么一个休闲空间，因为在这里，他们能够打发时间，能够结识朋友，能够在虚拟空间一圆江湖梦和英雄梦，也许还能谈个网恋。总之，当用户对游戏产生了感情，成为忠诚用户，他们就已经成为游戏的有效流量货币。

用户的流量货币功能有两种。

一种是传播。

用户能够带动游戏的名气和活跃度，一款游戏玩的人越多，它的人气就越旺，它的用户基数也相应增大——收费用户也会相应增多。固定用户自带宣传功能，会带来广告效应，还会带来更多的用户。免费用户带来的人气，对热门游戏来说，是不可缺少的"预热"。而且，今后游戏能够影视化，他们是现成的观众；今后游戏出了周边产品，他们也有一定的购买力。

一种是直接变现。

这也是Freemium的关键。和游戏一起推出的还有各种收费项目，专门为那些没有多少时间玩游戏，却想要成为高手的人提供。只需要多多花钱，就可以得到各种"神器""秘籍""宝盒"，比起辛辛苦苦刷副本捡掉落，收费项目无疑是最快捷的升级渠道，游戏的主要收入正是来自这些"少数部分"，满足他们的喜好，定制他们满意的服务，让他们留在游戏中，才是运营商的目标。而免费用户事实上成了收费用户的陪打、陪练和陪玩。

Freemium模式抓住了互联网营销的关键：流通。只有大规模用户注册并使用，才能使流通成为可能，热点也随之而来。免费使用向来是流通的利器，抓住人们"姑且试一试"的心态来吸引客流量，把收费项目调整在自选范围内，使用户一直拥有选择权，不会产生"被强制收钱"的逆反心理。这种模式既利用了互联网，也利用了人们的消费心理，确实有效。

不过，Freemium并不是万事万灵的，游戏也好，产品也罢，就算免费也必须让人看到精彩的内容，否则留不住用户。毕竟，用户的关注就是流量货币，他们有权把流量货币投进更值得关注的地方。真正留得住用户，能让用户心甘情愿消费的，仍然是内容。免费和低价，只能保持一时的流量，没有过硬的内容，流量货币很快就会流失。

再说一个现实版的反例。大城市影院竞争激烈，不少小影院为了吸引观众前来观影，推出超低价团购等措施，这固然吸引了一大批观众。可是，小影院观影体验差，地点太偏，附加服务费太高，种种原因，让观众不愿意再来第二次——除非有同样低的价格。

院线商对此叫苦不迭，这种行为也被网友们调侃为"掏钱补贴北上广群众业余生活"。看来，没有硬件，再低的价格、再优惠的措施，也无法获得粉丝们的心。这启示我们，想要利用流量货币搞营销，千万不要本末倒置。

流通背后是不断焕新的品牌价值

传统商人需要思考的首要问题是：如何卖出手中的商品。以香港首富李嘉诚为例，他选择的方法是不断创新，不断提高性价比。他的发迹起点是一家塑料厂，专门生产塑料花。为此，他专门去意大利学习塑料花生产技术，把最先进的生产观念带回香港，用他的产品占据了市场。

在互联网时代，商人思考的首要问题依然不变，他们仍然需要吸收最先进的理念，购买最先进的技术。此外，他们还必须学会利用互联网，利用流量货币，以互联网思维搭建产品平台，以流量货币观念营建产品社区，把流通代入到商品生产、贩卖和售后的每一个环节，以形成一个有机的整体。

这个整体蕴含着巨大的商机，它意味着商品不再是单一的，而是联合的；品牌不再是传统的，而是向"粉丝品牌"发展的；服务也不再是单线的，而是整套的。**谁能最先搭建这样的商品平台，谁就拥有了广阔的商机和巨大的舞台。**

在这方面，万科走在了前列。万科是一个传统型的房地产企业，在互联网经济来临时，经营者及时转换思维，适应时代的要求，将房产与配套服务挂钩，与阿里巴巴的服务平台签约，搭建网络客户端，使入住万科社区的居民享受到巨大的便利：他们足不出户，就可以下单享受餐饮服务。

此外，万科竭力打造社区生态系统，正在建设集商业、学校、医疗、养老于一身的大型现代化社区，这是一个巨大的框架，但万科总裁郁亮充满信心。

"万科如果能更好地吸收互联网的思想，将这一工具运用得更加自如，万科就能更加适应这个时代，把产品做得更好，万科的转型也就更加成功。"这是郁亮对万科未来的判断。

应用互联网技术，万科的宣传和服务越来越透明化、公开化、全面化，其中也包含了不可小觑的流量货币思维。正是这种思维，打造了万科品牌的新价值。

万科重视互联网营销，管理者一改往日隐身幕后的习惯，走到台前与用户们实现互动。他们亲自通过公众号、某书、某博、QQ等工具倾听有效反馈，并利用互联网媒介宣传自己的品牌，与媒体合作展示自己的产品，树立口碑，定期组织活动，广泛宣传产品概念。

一家拥有密集流量货币的网站，会有自己的传播渠道，会拥有极大的自主性和流量货币风险承受能力，所以会好于那些把宣传活动外包给宣传公司的企业。

万科社区的形象已经根植在互联网中，这使得它的一举一动都带着话题性和流通性，于是它积累了大量用户，并不断推出互联网服务。如推出了方便业主旅游的"去哪儿"手机服务，居民们不但可以通过这一客户端制定自己的旅游行程，还可以通过它的拓展功能申报维修、投诉物业，对居民来说，这是一项关系到

切身利益又带来方便的服务。

对万科来说，互联网营销和流量货币积累意味着什么呢？

首先，意味着更多的业主。

大规模的网络营销带来了话题，带来了关注，带来了社交价值。于是，这份"万科流量货币"逐渐形成了其固有的形象：互联网房产、联合化服务和人性化管理，从而打出了新时代房产的良好口碑。

当万科地产深入人心后，就会有更多人在买房时将万科开发的社区列为首选。那些暂时无力购房的人或者还没有购房需求的人，也成了万科地产的现实粉丝和潜在业主，万科越持续发展，这种口碑就会越发坚固。于是，不必大规模投入广告费，宣传也会持续发酵。

其次，意味着更多的消费。

不断开发社区内的餐饮、娱乐、服务项目，在让业主感受到方便的同时，也增加了社区的吸引力，促进了社区的繁荣，这就会吸引更多商家入驻，给居民带来更大的便利。社区消费额的增加，让更多商家看到了商机。不只实体经济在发展，更多网络商家也会重视万科的宣传效果，成为其合作对象。合作对象越多，社区服务（无论线上还是线下）就会越全面，居民就会越发宣传这个社区，于是，流量货币的价值又会翻番。由此，万科地产主导了自己的商业的良性循环。

最后，意味着更多的合作。

口碑意味着价值，流量货币意味着影响力，一家有巨大影响力的地产企业，将有机会启动更多的合作项目。商家们看中其自带的庞大客户群，愿意与之合作，万科本身也可以凭借其客户、其人脉、其资产，进军更多产业，走向多元经营。多元经营又会给品牌带来更多的关注、更广阔的前景。

对绝大多数企业和个人而言，想要抓住互联网这个机遇，必须实施变革，彻底改造旧式思维，用流通、合作、宣传、互动等观念打造自己的品牌。变革的道路必然困难重重，甚至遭遇一次次失败，但不变革只能抱残守缺。

人们常常感叹没有机遇，但其实，互联网就是每个人的机遇，了解它，参与它，利用它，你就能拥有广阔的平台、崭新的舞台。

七个提高信息覆盖率的技巧

流通有两种：一种是外力推广的，包括强制推行、幕后策划、水军大规模转发等模式，其特点是信息本身并不吸引人，依靠外力才能实现传播；另一种是自发的，瞬间引起信息接收者的

兴趣，引起大量的转发。

就流通本身而言，前者价值并不大，后者才是信息提供者渴望看到的局面。那么，什么样的信息最容易流通，迅速实现高度覆盖呢？这样的信息主要有以下几个特点：

1. 悬念

英国有个小说家叫毛姆，是一位享誉世界的作家，代表作有《人性的枷锁》《月亮与六便士》等。不过，他出道的时候并不受欢迎，小说销路也不好。为了提高销量，他想了个办法。他在英国一家著名报纸上刊登了一则征婚启事："本人未婚，身体健康，个性开朗，爱好音乐和运动，年轻有教养，有百万年金。希望能找到一位与毛姆的小说《月亮与六便士》中的女主角一模一样的女性作为伴侣。"

广告一经刊登，这本小说立刻成了热销书，人们都想看看究竟什么样的女主角，能让一位百万富翁如此倾心。每个人都有好奇心，如果一条信息刚好挑起了人们的求知欲，它无疑会受到广泛的关注。所以，给信息一个悬念，让接收者带着解密感点开标题，无疑是吸引眼球的好办法。如果悬念本身带有话题性，它就是天然的流量货币，能帮你迅速占领一方天地。

2. 争议

互联网时代是平民时代、表达时代，每个人都有表达的权利和空间，任意发表自己的看法。什么样的话题能够火爆？无疑是那些能够引发争论的。当两方甚至多方观点在平台上火拼，平台主人只需稍稍引导话题，就能看着越来越多的参与者前来讨论，看到话题度一路高涨，作为发起者，自然能收获大量流量货币。

争议能促进流量货币的流通，因为它刺激了每个人的表达欲。争议性话题很多：关于人性、关于社会现象、关于某件事物的评价……只要争议问题有一定的关注度，再找到矛盾点，就能引发议论。不过，你需要先抛出一个能够引发争议的观点，一定要能抛砖引玉才好。

3. 诉求

早在互联网还没有兴起之前，诉求类信息就有很大的传播空间，人们写信给报纸上的"知心姐姐"，打电话给电台里的"知心大哥"，为的就是把那些无法说出来的话、无法言明的感情和无法发泄的怒气抒发出来。每个人都有类似的情感诉求，为了生活，为了人际关系，他们无法言明，所以很希望看到有人替自己说出来。

于是，那些敢说敢骂的人受到了青睐，特别是那些精妙又犀利的吐槽，刚好骂到了点子上，真让人大叫爽快。针对情感诉求的话题一向有市场，职场、生活、婆媳、恋爱、交友、房价……所有现代人关心的话题，都是人的诉求所在。其实，这些矛盾就在你的身边，将他们发掘出来、表现出来，将别人放在心里不敢

说的话说出来，你就能获得关注。

4.创意

创意是永远的王道，有创意的东西无论何时都不会受到冷落。在大同小异的新闻里，一点细节上的不同就是创意，就可能成为风格，就能先引起转发，继而拥有固定传播率。例如，同样是娱乐八卦，大多数人都以话家常的爆料形式发布在某博上，某位娱乐大V却把爆料内容配上打油诗，立刻显得与众不同，让人格外注意，这就是创意。

靠创意获得流量货币并非想象中那么困难。想要当个有创意的人，与其说需要灵感、需要智慧，不如说需要用心、需要精益求精，然后把内容拓展得更广阔，把细节做得更周到，多琢磨灵感自然会来。重要的是不要跟风走别人的路，而是要试着走自己的路。

5.专业

专业性质的信息不会缺少阅读量，这是由其性质决定的。互联网打开了人的眼界，人们对这个世界的好奇与日俱增，专业人士提供的知识，无疑是我们了解世界的最有力武器，人们渴望看到真正的专业知识，而不是每天被一堆似是而非的科普知识忽悠。

不过，专业信息也有一个传播限制：专业术语过多，导致外行人望而生畏；专业过于高深，导致外行人根本看不懂。这就要求信息发布人注意深入浅出，注意以零起点为基础的人群，以他们的理解能力为基准发布消息。当然，精深部分不能少，否则真正懂行的人会认为你道行太浅，给你贴上"伪专业"的标签，这样的消息足以抵消你的影响力。

6. 实用

在互联网上，人们最想看到什么内容？有用的内容！只要一个消息能够对人产生帮助，不论是技术上的、生活上的、感情上的还是心理上的，它就有自身价值和传播价值，就能够引起话题、获得赞同。有帮助内容的消息，也是人们最迫切需要的流量货币，它不但能解决自身问题，还可以作为自己的知识提供给他人，吸引更多人关注自己。

实用类技术帖也是关注的重点，你想象不到多少女人想要知道如何简单快速地化一个妆面，想象不到多少男人希望知道如何多快好省地让自己变潮、变得有品位，想象不到多少人希望得到某个旅游城市详尽的小吃单子……这些生活中的琐碎技术一旦被整理、被发布，就能引发大规模追捧。实用，其实就是接地气，想众人所想，提供众人所需。

7. 深度

有智慧的人让人欣赏，智慧信息受人重视。尽管网络上有那么多"宝典""秘籍""经验"，真正有深度的东西却不多，这是因

为人们过于追求流量货币的传播效应，导致浮躁，无法静下心来真正研究自己发布的信息是否有过人之处。此外，网络是新鲜事物，网络用户大多是年轻人，因人生经验不足而导致欠缺智慧，也在所难免。

互联网上有太多流水账信息，这增加了人们对深度的渴望。深度信息往往缺少夺人眼球的刺激性，往往不能带来疯转。不过，这类信息一定能够带来持久广泛的关注。可以说，多数信息红火的是信息本身，并不是发布人；深度信息红火的是发布人，而不是信息本身。如果你能做个深度发布人，就能拥有一笔持久升值的社交资产。

一条信息只要具备以上七个要点中的一个，就具备了基本的流通价值；如果具备了其中的几个，就一定会有强大的信息覆盖率；如果能够以新颖的形式包装发布，就很可能会成为热点；如果把这些特点轮番搭配，你必将成为一个话题王！

多维信息更利于流通

如果你到今天还不了解图片的价值，还不知道如何在自己发布的信息中插入适当的图片，还没有研究图片的种类，甚至不明白为什么大家都在玩图片，你就out了！在这个读图时代，在这个到处都讲究视觉享受的时代，在这个连著名导演都要感叹"以前的电影靠故事,现在的电影靠视觉"的时代,你又怎么能排斥图片呢?

图片可以有效促进流通。同样一篇文章,纯文字版本和有插图版本,转发量会有质的差别。图片的作用很多,随便列举几点:图片能第一时间抓住人们的眼球,让人对内容产生兴趣;图片可以恰到好处地点缀内容,缓解人的视觉疲劳;图片是内容的巧妙注解,帮助人提高理解力;图片可以把复杂的内容简单化,降低理解难度;图片本身就是艺术,让人得到美的享受……

任何图片都是有效的流量货币,有它不会让人觉得累赘,没有它却会让人觉得少了点什么。就拿聊天表情来说,人们经常要用各种表情作为语气辅助,来强调自己的心情和意图,一个带着得意表情的狗头,一个戴着墨镜的人脸,一个带着安慰性质的小人,比语言更加直观,让人能够更准确地接收到信息点,大大地节省了社交成本。更不要说那些五花八门的表情包,已经给人带来了无数的笑声。

图片也是可以传播的知识。如果你想说说西方文艺,不论说文学、说绘画、说哲学,光有文字,只会让不了解西方的中国人觉得枯燥,如果配上那些美丽的油画、当事人的照片、历史背景的图片,文章立刻就会变得立体,从而增加了可读性。当然,如果你能把这些图片连缀成视频,以解说的形式传播,传播率就会进一步提高,从图片到影音,都在强调视觉对接受的影响。

重视视觉已经成为所有媒体的共识,以视觉为卖点的绘本、

杂志、广告正在不断推出。在图书市场上,"读图时代"已经来临,有文字、有插图的图书更受欢迎。在自媒体领域,最早一批红透半边天的大V,有不少都和图片有关,这是不能忽视的潮流,未来也不会改变。

让自己的信息有更强的视觉性,要从排版做起。密密麻麻的文字让人看得头疼,清爽的字体、疏密适中的文字间隔、柔和的背景颜色都能带给人良好的阅读体验。添加的图片要恰到好处,不要将毫无关联的图片随意插进文字,干扰他人的阅读思路。

如果你会画图,你可以用图片来表达你的观点、知识、情绪,画功好的人,可以随意表达;画功一般的人,简笔画也有可爱之处,把简单的插图作为文字辅助,同样能取得好的视觉效果。

如果你会摄影,不论风景或是日常还是自拍,都可以给你的作品加以出色的点缀。如果你实在不懂怎么使用图片,至少你还可以使用表情包增加你的文字的情绪,去达到渲染的效果……总之,图片不可忽略,图片不可缺少,图片不是关键胜似关键。

视觉类作品要有重点,就像文字类作品要有主题一样。用于流通的图片不一定是艺术品,它的主要功能是吸引人关注内容。人们浏览图片的时间极短,如果在一秒或几秒的时间内抓不住图片的重点,就很容易忽略掉这张图片。因此,构图时一定要确定中心,让人能够抓到图片要表达的东西。

使用图片也要注意"度"。某一类图片的使用会令人头疼。

例如，一篇文字里满满的表情，不到三句话就来一个哭泣跪地咆哮，似乎只有这样才能表达自己的情绪，殊不知，这类无意义的图片已经极大地干扰了你要表达的效果，甚至让人中途放弃继续阅读。

在使用图片时，一定要分清主次。若以文字为主，图片则用来点睛；若以图片为主，文字则不宜长篇大论。要始终保证信息接收者能迅速找到重点，这样才能让信息顺利流通。

图片泛滥也是个大问题。越来越多的人开始追求视觉，却缺乏最基本的审美功底，这种人往往拿到一张图片就用，既不考虑图片与表达的关系，也不考虑视觉上的综合效果，为图片而图片，这反而降低了传播的可能。

想要更好地运用图片，不妨多参看那些图片高手是如何构图配色的，也可以亲自看一看美术书，拿起画笔颜料找一找感觉。不是每个人都能用专业的标准来要求自己，但至少你要让别人看得很舒服。

最后需要提醒的是，大多数图片是有版权的。过去，图片版权不明确，造成了无责任滥用，既损害了图片拥有者的利益，又让发布者承担了"盗图"的骂名。如今图片市场逐渐规范，无授权使用必然会引发声讨，想要使用，可以向图片所有者申请授权，或者购买，或者去免费图片库寻找。

最好的办法是学一学绘画和摄影，这既让自己多了一个爱好，又有原创的图片可以增加自己的看点，一举两得。

第三章

流量货币"本位"
分享规模决定币值大小

为了便于理解，我们引入"货币本位"的概念。所谓货币本位，是国家规定的标准货币的货币制度。在国际活动中，国家出于经济条件或政策上的考虑，用法律的形式将本国货币与货币制度固定地联系起来，作为衡量价值的标准。我国的本位货币是人民币，它具有流通能力和支付能力，可以作为一切经济事项的核算反映。

由此，我们再来看流量货币"本位"也就不难理解了。我们可以这样认为：流量货币"本位"就是以流量货币为"本位币"的社交制度。当然，现实中并没有社交制度，我们这样形容只是为了让阐述更清晰。在社交活动中，流量货币如同人民币一样，可以作为衡量社交活动价值的标准，能够作为一切社交事项的核算反映，这种无形的"社交制度"就是流量货币"本位"。

在社交网络爆棚的今天，我们总是会利用流量货币去获取一些东西，就像用人民币去买东西一样。那么，我们获取的东西到底价值几何？怎么去衡量呢？总不能也如人民币一样，这个活动值500元"流量货币"，那个活动值10万元"流量货币"吧？这肯定不行！别急，办法总是有的。既然我们创造信息是为了分享、为了传播，那么就可以用分享规模来作为衡量的标准。**通常，分享规模越大，流量货币价值也就越大。**

共享经济给所有人带来了机会

随着互联网和智能手机深入我们生活的方方面面，全世界都正在进入共享经济时代。人们惊喜地发现，这一经济模式所蕴含的能量，不但能够为我们的生活提供最大的便利和最快速的服务，还能尽可能地减少资源浪费，提供就业机会，让闲置的资源超越时间和地区地进行交换和互动，从而给每个人都提供了机会。

如果你有才能，只要你愿意发挥，互联网保证你不会被埋没；

如果你有爱好，只要你愿意分享，就能找到同好甚至将爱好变为现金；

如果你有服务可以提供，不论你会做饭、记账、设计、清洁……或者你有一辆可以载人的过路车，你都很快就能找到需要你的人。

共享经济让每个人都有表现的机会，能让每个人受益，想必你已经充分享受过这种经济提供的好处。例如，你坐在家里，就可以收到澳大利亚的奶粉、日本的洗面奶、美国的模型、法国的糖果等。但是这样就够了吗？你只准备在这波潮流中当一个消费者而不是弄潮儿吗？请注意，**共享经济是所有人的机会，你不能落后**！

当然，新旧经济模式更替的时期，必然会产生激烈的摩擦。

传统心理有根深蒂固的土壤，它代表着人们的惯性和对新事物的偏见。当两种模式的交锋无法避免时，就会引发更大规模的冲突。新模式正在改变人们的消费观念，旧模式即将被摧毁，所有行业都要面对共享经济的挑战，我们能做的只有迅速改革或者等死。

看看美国ZIPCAR网站是如何颠覆租车行业的。创始人罗宾·蔡斯是一位充满活力又敢于冒险的女性。在2000年，她看到了"互联网+租车"这一组合蕴含的商机，于是一个共享租车的网站成立了，人们不必再把时间浪费在打车或者找车位上，一切都可以依靠网站提供的互动信息就地解决了。很快，这种快捷高效的新型交通服务模式便被推广开来。

这无疑触动了传统汽车租赁业的利益，他们想尽办法阻挠这个新兴行业的发展，但新势头挡也挡不住，平民大众爱便宜更爱便利！若干年后蔡斯仍然会想起当年的噩梦：一群恶霸闯进她的卧室，拿枪指着她和她丈夫的头，但这一切仍然不能阻止网络租车的发展。上百年的租车行业在短短几年内就被摧毁了，但我们不必惋惜，却要警醒，因为，时代的脚步是谁也阻止不了的！

如果你觉得ZIPCAR和P2P离你的生活太远，不妨看看我们国内的餐饮行业，它正在我们看不见的地方悄然发生着翻天覆地的变化。

随着外卖市场的日趋成熟，餐饮业迅速吸引了大批创业者的加入。对于中小餐饮业来说，入住美食城是最好的选择，但是传统美食城存在着准入门槛高，不但入场费贵，而且常常主动挑客户。已经上市的大品牌实力强，经营好，客源稳定，有时甚至可以不要入场费，走流水抽成。可大部分个体餐饮创业者显然连准入的资格都不够。锚准这一痛点，熊猫星厨率先开创了餐饮业的新模式——共享厨房，打出"拎包入驻做外卖""最少的钱，开最快的店"的口号。

熊猫星厨通过共享资源的方式，将无法以一己之力开店的创业者们聚合起来，不仅为他们提供共享的场地和基础设备，还为入驻的餐饮品牌提供品牌孵化、代运营和数据分析等增值服务，形成了一种"互联网+商业地产+孵化器"的三位一体打法。让越来越多想投身餐饮行业，却苦于启动资金不足的创业者有了大胆尝试、大胆试错的机会，也为餐饮行业统一卫生标准、出餐标准提供了一个有可能的连锁平台。

截至目前，熊猫星厨已经在全国布局了超过180家共享厨房场地，业务覆盖北京、上海、杭州等一线城市，包括了海底捞、德克士、吉野家、堕落小龙虾等，这些品牌都相中了共享厨房的优势，希望可以通过共享厨房，再次引领餐饮品牌的飞跃发展。

不过，这个模式仍旧处于积极探索的阶段，随着外卖平台玩法的不断升级，熊猫星厨与外卖平台和商户的矛盾也在不断升级，如何平衡好各方的关系，真正做好餐饮业的运营服务商，他们还有很长一段路要走。

不只餐饮行业正经历着时代的巨变，大量传统产业也正在探寻自己的创新之道，共享出行、共享充电宝、共享住宿、共享宠物的蜂起，都在要求我们迅速转变思维。赶紧学起来，不要只想实体经济，要琢磨如何利用共享经济；不要只攥着纸币，要学习赚取流量货币！在共享经济时代，不动产可能贬值，流量货币却可能给你带来更多不动产，你甚至可以将自己的不动产变为流量货币。例如，将你空置的房子布置一番，你就可以利用小租、短租赚上一笔；不再使用的商品可以通过换物或二手贩卖平台，带来更有用的东西，而不是扔掉。只要包装得当、使用得当，你的一切都可以成为流量货币。

在这个时代，每个人都可以成为自媒体，每个人都可以依靠创意和努力成为价值获得者。甚至可以说，拥抱共享经济，积累流量货币，你就是新时代的成功者。 自媒体时代的流量货币积累简单吗？看起来非常简单！请看看一个叫"古城钟楼"的某博，此某博每天只做一件事：一个时辰（2小时）敲一次钟，也就是打几个"铛铛铛"。就这么一件小学生都能做的事，却给这个某博带来55万粉丝，这个数量还在持续增多中。

可是，你想到过这个创意吗？这既包括对受众的心理把握，也包括对自身的准确定位，还包括对潮流的认知。当有人跟你说"COS个钟楼能出名"的时候，你能立刻意识到其中的机会，还是和大多数人一样把这句话当作一句笑话？

看来，想利用互联网狠赚流量货币，你还要再多学一点。

网红模特还是淘宝店主

寻找商机的人都不难发现，粉丝经济正在崛起。共享时代催生了网络红人，人红粉丝多，年轻一代的粉丝大都有市场头脑，明白爱TA不能默默放在心里，而是要拿出人民币。于是，先做网红，再开网店，已经成为很多人的创业新思路，可惜有些人还在网红们制造的热闹中哄笑掏钱，不知道自己也应该尽早参与进去。财富只给有头脑的人，此言非虚。

让我们看看网络红人有哪些：标准的网红往往以相貌为卖点，甚至派生出一个专有名词"网红脸"。网红的世界无限大，搞直播的，唱Live的，打电竞的，写段子的，拍照片的，做视频的，搞艺术的，360度无死角分享人生经验的……可谓形形色色，而且，人的审美没有一定之规，做什么都可能有出路。

当分享达成规模，这些人就成了大额流量货币的持有者；有了粉丝支持，流量货币就有了变现功能。有些人一开始就与收费平台挂钩，接受粉丝的打赏和献礼，与平台按比例分账；有些人则在走红后开始为变现而努力，最常见的做法是做广告，或者干脆自己开一家淘宝小店，把粉丝变为顾客。

他们卖什么呢？五花八门。有些人做起了代购，有些人在卖家乡特产，有些人在卖饰品，有些人在卖衣物，有些人在卖零食，有些人在卖玩具，有些人在卖手作，有些人在卖自己写的书

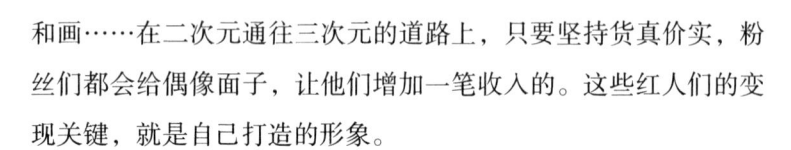

和画……在二次元通往三次元的道路上，只要坚持货真价实，粉丝们都会给偶像面子，让他们增加一笔收入的。这些红人们的变现关键，就是自己打造的形象。

让我们来看看网红小A是如何走上成功之路的。作为一位年轻又有中等相貌的青春90后，她首先学会了化妆和P图。在这里必须澄清一大误会，千万不要以为网红都是靠整容的，好好的小姑娘只要相貌还不错，谁也不会在脸上乱动刀子整容！至于你看到的清一色的小脸、红唇、大眼、吹弹可破的肌肤，那是美女们公认的美妆美颜目标，大多靠化妆品和美图秀秀就能够达到。

小A也经过了一段随波逐流的日子。看到别人做化妆教程，她也传上一个；看到别人拍童话写真，她也拍了一套；看到别人开直播秀场，她也试了几天；看到别人做硬照模特，她也投了简历……可是，小A在镜头面前拘谨，不适合录像教程，更不适合实时直播，她洋气的外表也不适合卖萌搞童话，想做模特又因太大众脸而没有优势，所有的尝试都换来了一些点击和粉丝，但所有的尝试都距离"走红变现"这一目标很遥远。

倘若小A还有一些附加的技能，也可以为自己加分。例如，倘若小A会写文章，那她就是位美才女，值得一炒；倘若小A会摄影、爱旅行，她可以做个像风一样的女子留下美的传说；倘若小A是个学霸，她可以参加"一站到底"之类的节目，或者甩甩自己的学历证书，缔造一个学霸美女的辉煌传说；倘若小A能把饭做得花样百出，她可以为自己弄一个"最值得拥有的女朋友"

头衔……或者最大众的,美女设计服装,开创自己的服装品牌,让粉丝一起分享美丽。可惜,这些小A都不怎么精通。

小A还可以考虑签一家公司。如今这类公司也正在兴起,提供包装推广等一系列服务,免得你陷入"单打独斗"的境地。公司会一步步指点小A该如何定位自己,例如,应该拍什么样的照片,发照片的频率该怎样,应该尽量使用哪些奢侈品牌,应该如何引导粉丝接受自己的形象,也会适当地安排走秀和现场活动,进一步扩大小A的人气。但公司都不太正规,有时只管签不管培养,小A不太敢信任。

某一天,小A福至心灵,她发现网友们最爱夸的是她那两条大长腿,她平日最自豪的也是那两条又直又细又有曲线的腿,她决定抓住这个重点做文章——别误会,她不是要卖减肥药,而是开始聊运动、健身、护肤类话题,含蓄地引导网友们"如何才能拥有这样的美腿"。这一招果然十分奏效,在美照、聊天和饮食运动分享的多管齐下之下,小A的粉丝越来越多,人们称她为"美腿姐姐",把她当作都市健康女性的代言人。

代言人的形象店筹备了一年,火爆开张。包括运动服、运动内衣和简单运动用具的小店设计得很体贴,还有满100包邮和满200赠送定制形象毛巾活动,小A还找了专门的画师,设计了美腿Q小A形象,印在运动毛巾和运动水杯上,以低廉的价格卖给粉丝,薄利多销。最近,她还接了几个运动品牌的代理。

以上就是网红小A的经营之道。让我们总结一下小A的经验。

可以肯定，**网红经济的重点是形象，形象流量货币的持有者卖的就是自身形象**。分享基于形象，这个形象必须有特点，而且要制造卖点，让粉丝有可以说的，还有可以买的。

当然，网红经济有个软肋，就是流量货币价值过分依赖于个人形象，从而造成了"成也形象，败也形象"。一旦形象上有瑕疵，例如，倡导瘦身的变胖了，倡导纯爱的劈腿了，倡导真心真意做微商的出了质量问题，掉粉也是分分钟的事。

还是那句话，流量货币本位代表了一种社交制度，这个本位有时可以由你个人选择，一旦选择就要遵守它的默认规则，例如粉丝对你的苛刻要求和严厉指责。当你想拿个人形象创造财富时，就必须有随便他人指指点点的自觉，以及接受维护形象的基本义务。

另外，网红的道路看似风光，实则竞争惨烈。请细算这样一笔账：把同样的精力放在工作上，你需要面对的是公司里十几个或几十个竞争者；把精力放在网络上，你需要面对的是上千万个竞争者，哪个胜算大？所以，**如果精力有限，请尽量把网红当成副业**。

看看你是哪种线上社交人格

时代的风口上，不要着急向外跨出第一步。恰恰相反，第一步应该向内探求，先看看自己是什么样的人，适合做什么，潜力和天赋在哪里，之后的道路就变得清晰了。

社交人格指人们在网络活动中表现出来的基本价值倾向，它可能与实际人格相似，也可能出现背离。它反映了人们的内心诉求，也是人们在网络上的形象追求。获取流量货币，则是社交人格出现的基本动力，人们渴望通过人格塑造展现自我，让流通成为可能，进而成为高价值流量货币持有者。

社交人格主要有以下10种：

第一种：红人

他们渴望走红，所以高频率、大密度地展示自己的优点和特点，以吸引他人的注意。他们时刻关注自己的人气，并为此努力耕耘、孜孜不倦。想成为红人，你要有某种优势，并善于表现出来。你要高调，要包装，更要营销。具体参考诸位网络红人的成名经验。红人走红快，但多数却应了那句"花无百日红"，被人遗忘的速度也快。所以，想当红人，必须准备好走红后的道路，否则很难长红不衰。

第二种：达人

他们有出色的特长，有一定的成绩，希望发挥特长来宣传自己、帮助他人，他们的平台常常表现出一种专业上的单一性，重点明确，不会让人产生混乱感。因为目标专注，他们很容易得到某一方面的名气,但也限定了他们的发展道路。达人不一定能成为红人,但红人容易过气;达人因为有专业王牌,不易被人遗忘。

第三种:"潜水员"

大规模存在于网络世界的角色。他们默默地浏览、默默地转发、默默地灌水、默默地喜怒哀乐,很少表达自己的观点和情绪。他们从网络上汲取知识和娱乐,却不愿意开展自己的二次元生活。"潜水员"最不容易得到流量货币,网络只是他们的书籍和电视机,他们的流量货币几乎等于零。

第四种:公知

他们眼光独到,观点锐利,涉猎广泛,且喜欢为他人发声。他们营造着自己的形象和名誉,并得到了广大网民的信任,成为意见代表。公知有很高的形象要求,几乎不能有个人名誉上的瑕疵,否则流量货币会立刻贬值。这是一种要求非常高的网络人格,一般人无法尝试。

第五种:参与者

他们十分活跃,性格外向,兴趣广泛,爱好社交,十分熟络地穿行在各大网站之间,对什么都有一点儿见地,经常参加各种活动,热心地帮助新人和有困难的人。不过,他们缺乏自己的定位,从而导致缺乏独特的魅力,所以,他们的流量货币价值不高，仅供交换，无法大规模流通。

第六种：表述者

他们喜欢表达，擅长讲故事，既讲别人的事，又讲自己的心事。这种讲述不只是语言，还可能发展为多种形式。他们表达欲强烈，但不是所有表述都能吸引人。表述需要技巧，需要形式，需要有价值的内容，如果不能掌握这些要点，人们就只会看到某个人在网络上喋喋不休而已。这样的人很难拥有流量货币，反而让人厌烦。

第七种：演员

他们隐藏自己的真实人格，按照网络喜好来塑造自己的形象。他们可以是清纯的、忧郁的、博学的、搞怪的、大大咧咧的、小心谨慎的……他们像演员一样扮演着自己的角色，让人们信以为真。有时他们甚至会杜撰自己的身份，换取更多话题。因为深谙网民心理，他们很容易走红。不过，一旦被戳穿伪装，他们的信誉就会下滑，流量货币也会迅速贬值。

第八种：活动家

他们渴望交流，渴望碰撞，渴望学习，更渴望机遇。他们精力充沛，善于调动气氛，他们是那些真正了解社交资本价值的人。即使本身不输出价值，他们也能靠自己的人脉和组织能力，

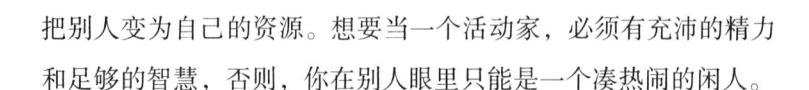

把别人变为自己的资源。想要当一个活动家，必须有充沛的精力和足够的智慧，否则，你在别人眼里只能是一个凑热闹的闲人。

第九种：商人

他们的工作是营销和赚钱，他们的形象和行为全都经过周密安排和精心布局，以优良的展示服务和创意服务来吸引用户，进而推销商品。他们获取流量货币只为变现，因此把传播率放在首位。这也要求他们必须时刻关注市场需要和粉丝需要，迎合他人喜好，改变自己的形象。这需要极大的灵活度，否则容易弄巧成拙。

第十种：搬运工

他们是信息中转站、交流中心和传递中心。他们喜欢收集各种各样的信息，有时实时传递，有时加以分类总结。他们的原创性不高，却因为视野广、涉猎广、勤劳而成为综合性消息平台。有时，他们甚至能够凌驾于消息始发平台之上。但因为原创性内容太少，没有固定社交资产，他们极容易被取代。

你是哪一种人格？还是同时拥有数种人格？通常，人格层次越丰富，流量货币的种类越齐全，保值效果越明显。尽量扩展自己的视野，增加自己的社交活动，你的魅力也会在无形中增长。

网络是自由的平台，不要拘泥于三次元的形象和性格，请尽情地发挥，这样你就可以在网络上拥有自己的第二生命。

要打造就打造出一个IP来

想必你听过这样一句话："最高级的商人卖的是概念。"什么是概念呢？不要以为概念只是对某一事物的定义，它的外延非常宽广，内涵更是丰富。举个简单的例子："香奈儿"仅仅是一个牌子吗？不，它不仅代表了一个概念，更代表了一种独特的女性生存方式，包括美丽、优雅、平等、奢华等内涵。无论是香奈儿的香水，还是香奈儿的提包，或是香奈儿的服装，都能让女性感觉到自身魅力的提升。只需要一个简单的logo，就能由里到外提高一位女性的品位，这就是概念。

概念能让事物的价格成倍上涨。同样一件衣服，打上名牌logo和打上小品牌商标，价格就会天差地别。当然，这里并不是鼓励大家山寨高仿品去卖假货，而是请大家擦亮眼睛看清现实：概念就是这么牛！我们不妨学一学高层次技术，要打造就打造一个IP出来。

首先可以肯定，IP本身就是流量货币。最早的IP概念就是品牌，你把最新上市的苹果手机放在桌子上，大家都会多看几眼，问问你价格、功能、使用感受等，以作为自己是否购买的参考。后来这种概念延伸到其他领域，除了牌子，人们也会更多地关注商品本身的其他文化或商业属性。地摊儿上的塑胶摆件对比商场里的泡泡玛特盲盒，五块钱的塑料水杯对比哈利·波特联名

限量款水杯，普通玩具球对比宝可梦纪念版周边，相信各位读者已经心里有了答案。

换句话说，如果你持有的流量货币有某种IP效果，你就拥有了个人概念，这让你看起来比他人更高端、更有内涵、更有档次、更值得一看一转一赞甚至一买。而且，"牌子"带有某种固定性，让他人的印象更加深刻，谈论更加持久，传播也就更为广泛。

这是IP的显著优势。人们谈论的大多数事情都具有临时性，他们会说起今天吃过饭的餐厅，今天看到的电影或视频，今天听到的娱乐新闻。而这些只带来一时间的传播效果，"这个很有趣"，于是在一天之内传遍你的朋友圈。可是，过了十天半个月，谁还记得这件事呢？**但人们不会忘记你使用的某个"牌子"、追求的某种IP，这是一种永久性的口碑。**

如何制造个人牌子？首先是要有新颖的概念。概念不是文字游戏，但少不了文字上的刻意修饰。"绵绵冰"这个名字显然比"冰激凌"更让人印象深刻；"居家格调"比"家里的摆设"更让人有好感；"尊享套餐"比"套餐1"更让人有成就感……总之，名字忌土、忌俗、忌大众、忌长得没特点，所以，一定要给你的概念起一个令人耳目一新的名字。

说一个著名到众所周知的例子。网络上美女扎堆，今天一位西施，明天一位天仙，后天一位校花，大后天一位×千年美女，诸如此类的新闻从来没有断过，但我们对哪位美女的印象最深刻呢？无疑是笑容清纯的奶茶妹妹。她能够一直领跑各路美女，关键就是最初的照片上，她手中捧了一杯奶茶，以及由此而来的绰号"奶茶妹妹"。

这是典型的概念制造。美女校花太多了，以至于人们看看便忘，很少对她们的脸留下特别的印象。为小美女加上一个特别而平易近人的形象定语，既大众化又符合她的气质，于是人们一下子就记住了这个名字。是啊！我们经常喝奶茶，这位小美女看着漂亮又有气质，还很有温暖的内涵，又甜又暖可不就像是一杯奶茶吗？不得不说，这个概念造得真是很妙。

然后就是营销环节。请好友转发，买水军宣传，或者请营销公司当策划，这些都取决于你的经济条件。炒作也要有重点，先炒概念再炒产品，概念广为人知，产品不愁销路。不过，可要注意"产品质量"，群众可不是傻子，他们接受了你的概念，拿到产品却发现货不对版，这些概念就全部会沦为笑话。

说个过度卖弄概念的反例。若干年前，"纳米"这一度量单位走进了人们的视野，一纳米就是十亿分之一米，别说肉眼，普通的放大镜都不可见。

然而，这个词飞速被大量商家使用，化妆品工厂吹嘘他们的产品"使用最先进的纳米渗透技术，百分百渗透至您的皮肤"；塑料厂打出广告说"此水杯由纳米技术制成，安全无菌"；鞋垫商人说"此鞋垫使用纳米级竹炭纤维，防湿效果显著"……厂家和顾客其实都不太理解什么是纳米技术，但这个概念却马上令平

淡无奇的产品的形象高大起来。

可是，时至今日，你听说过有什么样的纳米产品成了真正的口碑产品吗？一个也没有。**概念不是想卖就能卖的，若是名不副实，很快就会被淘汰。**名牌制造也和所有商业成功一样，不能好高骛远，应该踏实一点，这样积累起了足够的口碑，你才能展翅高飞。

先垂直定位，再规模扩散

"把蛋糕做大"曾经是一个相当流行的理论，由此还衍生了如何分蛋糕、如何切蛋糕、如何推销蛋糕等一系列相关理论。国家想要做大市场，企业也不例外，个人也是如此，可惜多数人眼光太高，不看脚下，最后不但蛋糕没做成，还赔了鸡蛋和面粉。这就是市场给人们的惨痛教训：**不懂定位，一味好高骛远，肯定只会栽跟头。**

网络时代也是如此。谁能一下子成为转载以百万人次计的大V？谁能各个方面都插上一脚、露上一手、样样走红？就算流量货币满天飞，你也只有两只手，若是漫无目的地乱抓，又能抓到多少呢？所以，想要得到流量货币，就要清楚自己的定位，自己发布信息的传播人群，只有确定了受众和人群，才能有的放矢，让流量货币在明确的小范围内迅速积累。

现在我们请出刚当上妈妈的幸福的C太太来为我们示范应该如何实现群组定位，以及在群组本位的策动下，自己应该怎样走上规模化、普及化、高端化的康庄大道。

两年前，C太太被公司裁员，成了一名待业主妇。她自己算了一笔账，与其找薪水不高的新工作，不如做代购。她住的城市去香港很方便，她还有不少久居外国的朋友，所以她要是做代购，条件是允许的。于是C太太开始张罗自己的小店，她的梦想是远大的：帮都市女性打造高端生活品质。女装、包包、女鞋、饰品这些东西不在话下，她还要吸纳国内有个性的设计，给小店增光添彩。

但现实是残酷的。每一位都市女性的收藏夹里的代购店不知有多少呢，C太太根本没有什么优势，在经历了赔钱等一系列打击后，C太太决定暂时当一名全职太太，专心顾家生孩子——她怀孕了。怀孕的她暂时关了网店，天天泡在一堆宝妈群里研究哪个口服液好，哪个牌子的鞋子舒适，哪种奶瓶最安全。听说C太太代购方便，所以经常有孕妇请她帮忙代购。

C太太在一群关心下一代健康的孕妇中找到了商机！她意识到，与其做一个定位不明、什么都卖的女士精品店，不如只瞄准一小部分人群。于是她很快开了自己的微店，专门和宝妈们共享奶粉、尿布、玩具、儿童车之类的信息，并分享她的孕期日记。靠着良好的口碑和亲身带动的作用，找她代购、向她咨询、直接找她订货的人越来越多。

由此可见，群组意识是寻找潜在客户的学问，把人群分类、定位，确定他们的主要需要，或者根据服务类别定位人群，专门针对他们定制广告，这些都需要你对自己、对他人、对市场有一个明确的认识。**群组分类代表定位的准确，好的垂直定位是成功的一半。**

群组定位告诉我们，只有从小处着眼，把小规模做好，才能开展大规模。对于一个小超市来说，它不应该考虑如何让自己的商品走入千家万户，而是应考虑如何击败社区的其他超市和便利店，成为本社区居民的头号考虑。这时，它可以利用网络，让居民足不出户就能在半小时之内在家门口看到自己需要的商品，包括调料、卫生纸、灯泡、充电器、零食、大米、塑料盆……这才是网络时代开展业务的新思路。

有趣的知识总爱以新奇的方式进到脑子里

知识是什么？知识是人生进步的台阶，是素养，是财富，是创意的来源，是职场晋升的根本。文盲没有出路，有知识才有前途，这是千百年来无数代人的共识。所以，如果你的流量货币的根本价值在于知识——注意，是真正的知识，而不是那些五迷三道的鸡汤和真假难辨的伪科普，更不是供人一笑而已的段子——你就拥有了一笔"硬货币"，很难缩水。

可是，你以为"硬货币"就一定能轻易脱手？你在中国的路边摊掏出一张一美元的纸币买一瓶矿泉水试试？恐怕没有人会卖给你。

既然是货币，就有一定的流通市场和流通规则，流量货币也一样。知识性流量货币有市场，却未必畅通无阻，决定其流通性的是它的形式。换言之，如果你这位持有者制造的知识币不符合大众的阅读口味，它就只能在小范围内流通，甚至完全不流通！你也许会喊冤道，这可是货真价实堪比真金白银的知识啊，怎么会不流通呢？

有力气喊，倒不如了解一下当代人的阅读口味，去重新组织一下知识传播语言呢。

现代人的阅读口味究竟是什么样的呢？大多数现代人都很忙，忙完工作还要忙加班，忙完加班还要忙生活，所以在个人的时间分配里，阅读比重在不断下降。不过，这并不代表他们不需要阅读，相反，他们希望通过阅读来舒缓一下紧张的神经，放松一下焦虑的情绪，找一点年幼时的温暖和年轻时的感动。这也决定了多数人希望看到的是轻松一点、不用费太多脑细胞就能看得懂的读物。

这不代表他们不挑剔！他们也会骂荒唐小说，也会挑诚意作者，他们也有阅读要求。他们希望读物的内容不幼稚，最好有点高深成分，换言之，**作者写的文章、出版的书，内容最好能直接成为他们的流量货币，让他们即时应用到生活中，给个人魅力增**

光添彩。最起码也要让自己多懂点知识吧？但他们没有那么多时间去啃教科书，他们希望作者把知识由教科书转化为故事书、图画本，甚至笑话书，让他们轻轻松松地记下大量的知识。有难度？当然！这年头做什么事情都需要动脑筋。

于是，"新型教科书"正在成为主流，此类书籍以高端的内容与浅显的文字，平易近人地展示了各种知识，它的核心是摆脱单一和刻板，让知识变得生动。这也是每一位想要制造知识流量货币的人应该具备的技能。

现在，让我们走进图书市场，看看那些堪称样板的成功的知识流量货币的走红之路。

某一天，你突然对明朝历史产生了极大兴趣，从朱元璋到朱由检，200多年的历史留下了多少故事，值得我们回味。但是，你愿意看一看这套332卷的《明史》吗？此书记述完善、语言简洁，是后人评价颇高的一部著名历史著作，也是研究明朝历史的第一手材料……什么？你说你没有这个时间？

好吧，想必你适合看这套书：风靡了近20年的《明朝那些事儿》。这本书以史料为基础，以小说的笔法去写明史中的大事要人和大大小小人物的生活，而且作者语言幽默，且说且评，还掺杂了不少历史知识。现在，你是不是觉得读明史简单了、有趣了？

《明朝那些事儿》的成功，正说明了当下人们的阅读口味。**人们渴望知识，又渴望捷径，还渴望趣味和分享价值，所以，知识也需要有一个适合的形式，才能广为传播**。不是说传统知识没有市场——传统知识永远不会退场——而是大众更喜欢、更欢迎平易近人的知识。

知识的表达方式越来越多样。除了语言浅显的各类科普书外，还有与幽默漫画相结合的书，与纸质模型相配套的童书，与光碟一起出版的课堂类书籍……当然，知识的传播不只靠书籍，你能想象到的一切场合，都有知识币的出现，你的微信、某书、某音、某站里，各种各样的知识在供你选择。你会选择什么？当然是那些最丰富、最有趣的！

想把自己掌握的知识变为流量货币，你需要做好两件事：

1.为知识选择一个最好的形式。可以是文章、图片、漫画、小说、闲聊、歌曲、视频等一切形式，关键在于新颖直接，让人能够轻松接受。

2.切忌哗众取宠。没有人喜欢拿到一个包装精美的盒子，拆开一看却是过期饼干。如果你要讲述常识，请尽量多收集、多比较；如果你要讲述冷门，请尽量详尽准确；如果你要普及某个观点，请尽量有理有据。

总之，知识流量货币要最大限度地提高分量、避免硬伤，才能顺利地流通。

个人定制服务正在闯入每一个领域

世界上最昂贵的服装是什么牌子的？对不起，这种衣服没有牌子，在老巴黎、老伦敦的一些门面不大的裁缝店里，追求卓越品质的男士、女士会请裁缝量身制作，每一厘米布料都要符合他们的身体曲线，以追求最大限度的舒适与完美。最重要的是，不撞衫！就连脚下的鞋，也可以根据自己的想法，由优秀鞋匠亲手磨皮、手工缝制，兼顾奢华、舒适与美丽。

从古至今，只要经济允许，谁不想走高端定制的道路呢？把自己的创意结合工匠的巧手，制造出独一无二的物品。这种个性化的要求从未减退，想必你也有过这样的经历：想拥有一样东西，别具一格，独一无二。还有什么东西比发自内心的个人设计更加独特呢？这就是个人定制品始终盛行的原因。

共享经济带来的不只是每个人的分享，还有个性化的腾飞。个人定制也逐渐越过往日的门槛，覆盖范围越来越广，走向千家万户。现在，你可以随意在个人物品中加入自己的构思——大商家还没有完善这一类服务，淘宝小商家抢占了先机，他们愿意满足你的设计癖。

就拿我们每个人都要使用的布料来说，随着喷印技术的发展，你可以将自己的照片印在T恤上，可以把最喜欢的图案印在桌布上。曾有一位聪明的妈妈把年幼的孩子的涂鸦排列起来，用童稚的图案印了一套床单，放在某书上，结果得到了不少赞誉。这个时代既鼓励个性，又欣赏个性，还正在用先进的技术为个性服务。

　　你是否发现，个人定制正在悄悄成为主流？举个最简单的例子，现在，你还愿意用市面上卖的普通手机外壳吗？是不是更喜欢去网上选一款图案，然后自己进行个性定制？或者干脆用木刻、用水钻、用奇怪的图案来打造出自己的个性？个性化正在逐步主导你的生活，聪明的商家早已开始了行动，你有没有得到启示？

　　个性化与流量货币有什么关系？关系很大！个性化正在成为大潮流，流量货币也早已围绕着它产生作用。而你喜欢的偶像天才UP主，哪个不是个性十足？令许多人着迷的《假如历史是一群喵》系列，也是靠着独特的角色设定和萌系画风成了寓教于乐的标杆。是的，你的关注就是对个性的肯定。所以，形势要求你不要拘谨，而要尽情释放自己的个性。

　　抓住这种潮流，你需要稍微更改一下自己的宣传模式，先不要想如何让自己看起来有个性，因为强扭的个性很快就会变成拗造型，那是装的。首先你要想一想如何尊重他人的个性。例如，当你与粉丝交流的时候，别再拘泥于个人喜好，而要接受各种各样的建议，理解各种各样的想法，因为那都是别人想表达的东西。切记，你尊重他们，就能获得他们的尊重。

　　个性化必然会带来多样化，这就要求你必须尽快提高自己的内涵，使自己表达的方式和内容更加丰富，从而照顾到不同的受众心理，让他们有机会产生被理解、被照顾的"定制感"。

如果你是商家，你还可以提出个性化服务，依照顾客的个性，为他们定制相应的产品，并提供更加人性化的售后。

下面，我们总结一下现阶段定制服务的形式，供大家参考：

1.VIP会员制

这是历时最广、应用范围最普遍的营销手段。具体做法就是，为商品设置一定的门槛，只有符合条件的人方能参与定制，方能享受到限量的商品、更低的折扣、更优的服务。

VIP可以促进人们的消费欲，人们能够为达到某个额度而消费本不在计划之中的金钱。例如，航空公司会赠送VIP服务。有些人会为了达到指定公里数，多飞一些路程，而他们得到的奖励有时是一次免费航程，有时是候机室的尊享座位——远远没有收回成本，却得到了心理上的满足。

有头脑的宣传者会注重"资深粉丝"的培养，给他们特别的福利，让他们更愿意为自己付出心力。流量货币持有者不必对分享者"一视同仁"。在广泛的基础上加以限制，推出特别内容，让关注者产生竞争心理并追求VIP待遇，便能获得更多的推荐和点赞。

2.互动式设计

在共享经济条件下，流量货币有双向性，每个人都想要参与感。不论粉丝还是顾客，都不想继续扮演传统的"接受者"角色。在传统氛围下，他们只能接受别人的想法和设计，没有机会提出自己的意见，无法发挥自己的个性和价值。如今，他们可以通过各种方式与产品设计方沟通，提出自己的意见。当这些意见发布在公共平台上，甚至会引起不小的共鸣。

设计者也变得精明起来，他们经常会盯着粉丝或购买者的反馈或提议，其中有不少是设计师没有想到的好主意。这些主意被采纳，不需要金钱奖励，提供者就会心满意足——当然，他们也得到了为数不小的流量货币。把设计变成交互式，甚至专门推出粉丝设计款，都是产品定制的改革，这种措施能够保持用户的忠诚度，让他们始终有"我是这个产品的主人"的参与感。

3.限量

相对于满大街行走的"爆款"，人们更希望有一套"限量款"，限量款未必是最贵的，却肯定是最少的，能够最大限度地满足购买者和使用者的虚荣心。倘若一件定制品只有50件，就会让购买者产生"全世界/全中国只有50个人能拥有这个东西，我是其中之一"的满足感与自豪感。

不少淘宝商家会定时推出限量版产品，人们看到"限量"，就会产生购买欲望，秒杀不成功的人始终惦记。当他们不断求购限量产品时，品牌名字就会不胫而走，更多人因此关注了这一品牌的商品。限量品必须得有特殊价值，或者工艺上与众不同，或者制作上别出心裁，否则，它就只是一个概念，而缺少流行的资质。

限量的最高端策略叫作"饥饿营销"，这经常会被精明的商家所使用，我们将在第六章详细说明。

4.个性配置

个性配置把购买者或使用者的爱好放在首位，提供了更多的选择，让每个人都能找到适合自己的一款。如同手机里自带的各款壁纸或手机自带的彩色外壳，你能提供众多的选择，就会有更多的体验者前来挑选，有时候他们还愿意多买几个。

个性化是时代的主流，尊重他人的个性，站在消费者的位置上思考，才能做出真正人性化的产品。但要谨记的是，太过强调设计者自我个性的产品易流于小众；而一味把客户爱好放在第一位、永远跟着客户审美走，往往又设计不出出彩的好作品。只有在"客户要什么"和"我要创造什么"之间找到很好的平衡点，才能摩擦出不一样的火花，做出吸引人的产品。

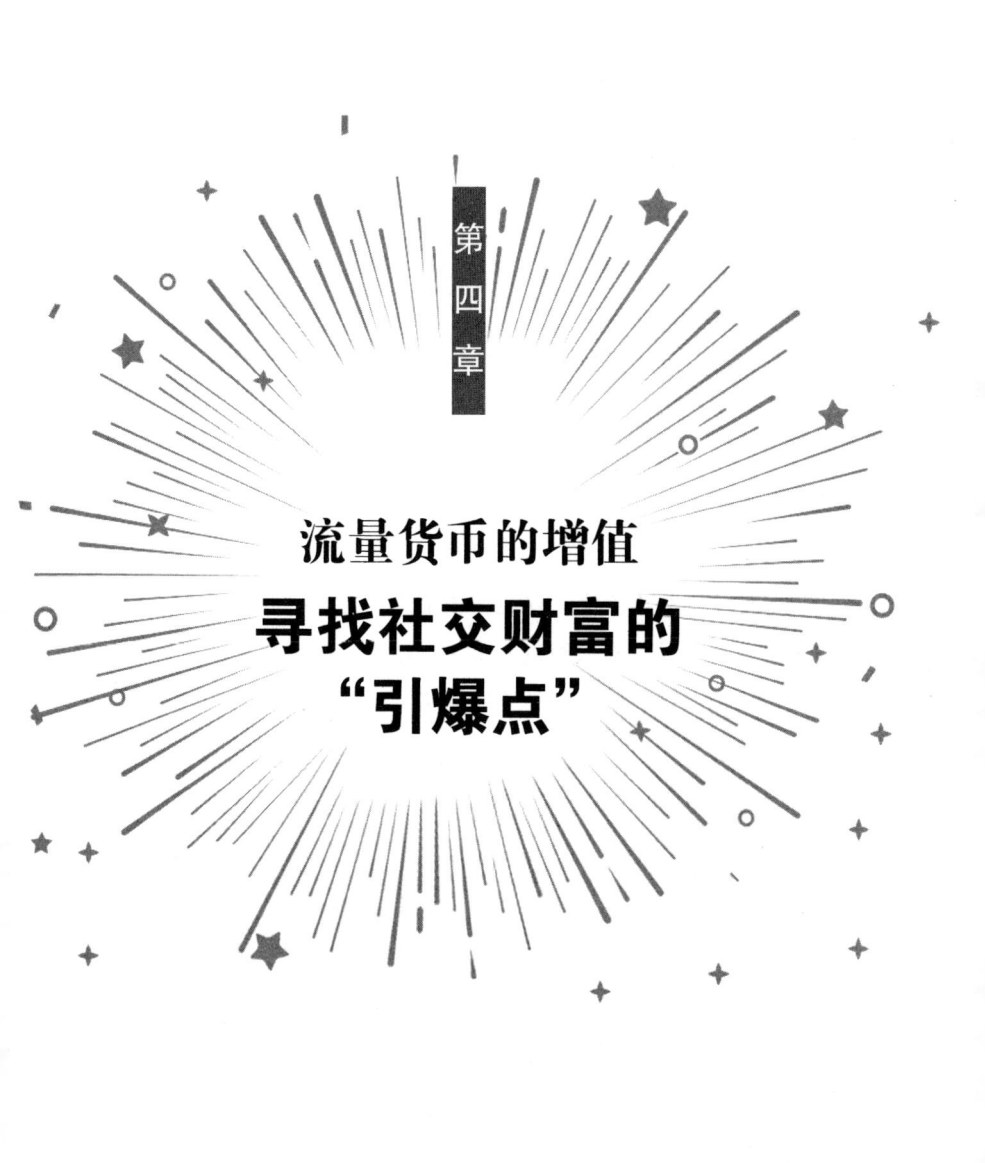

第四章

流量货币的增值
寻找社交财富的"引爆点"

在互联网时代，社交也能带来财富。我们一直在用流量货币进行社交活动，却可能会忽略流量货币也能带来真正的财富。很多时候，流量货币可以等价于人民币，甚至比人民币更值钱。

不管是个人社交账号经营者还是企业宣传账号运营者，刚起步的时候我们的流量货币往往并不值钱。我们说的话没有人愿意听，我们写的文案没有人愿意看，我们发的宣传信息没有人愿意主动传播、分享……我们的流量货币没有流通，它还能产生财富吗？显然不能！事实上，这也是很多人一直困惑的地方——他们也想通过线上社交获取财富，也一直在用心打造流量货币，希望它能够价值不菲，可是却总不能如愿。原因究竟在哪儿呢？

弱势不要紧，我们可以想办法积累用户，将弱势变为强势。任何事物的发展，都是从微不足道的原点开始的，然后积累成丘，渐变成山。社交活动的原点是聊天、图片、文案、视频，这些元素经过分享传播，逐渐圈起了一个庞大的社交网络，然后财富便产生了。我们之所以无法通过社交创造财富，是因为不能让原点渐变成二维的社交面，再发展成立体的矩阵，在关键节点上量变无法产生质变，也就无从谈起流量货币的"增值"。

想通过社交活动创造财富，就必须找到量变产生质变的关键性节点。

自我定位：幽默？有才？有魅力？
请亮出你的核心价值

共享经济催生了自媒体时代。

自媒体，是个人利用现代化电子化手段提供、分享自身的新闻的途径，也是单人传递信息的新媒体的总称。这个定义或许还不算规范，毕竟代指对象在一定意义上过于宽泛了，但这也符合互联网媒体的基本现状，即大量流量货币的持有者享有话语权，成为新的信息发布者。而他们发布的信息进一步成为新的流量货币，参与互联网流通。

在分享经济时代，衣食住行都是流量货币。每天都有穿搭达人、美食达人、家居达人、旅游达人崭露头角，他们挖空心思让自己说的话、做的事、拍的照片、制作的视频更有创意、更实用、更有话题性、更独树一帜，为的是促进信息的快速传播，以手中持有的流量货币换来更多的外来流量货币。可以说，这是一种没有金钱参与的贩卖行为，商品持有者和接受者想要的都是流量货币。

自媒体世界门槛低，易上手，有时候就坐在自己家里的沙发上诉说个人经历的视频也有可能因为其中的某个"金句"而引发大量转载，因此无数人嗅到了新行业的商机，踊跃加入的人前赴后继，形成了空前壮大的"自媒体大军"。当然，过多人的参

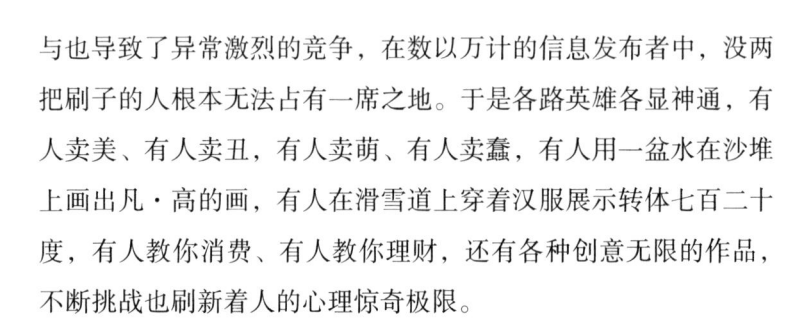

与也导致了异常激烈的竞争，在数以万计的信息发布者中，没两把刷子的人根本无法占有一席之地。于是各路英雄各显神通，有人卖美、有人卖丑、有人卖萌、有人卖蠢，有人用一盆水在沙堆上画出凡·高的画，有人在滑雪道上穿着汉服展示转体七百二十度，有人教你消费、有人教你理财，还有各种创意无限的作品，不断挑战也刷新着人的心理惊奇极限。

自媒体赛道的细分种类数不胜数，有人专门探讨国计民生，有人只关注娱乐新闻，有人和你谈收藏玉器，有人天天普及茶道知识，有人把自己变成博物馆，有人负责定期画漫画，还有人索性说自己有钱不快乐、不定期来个"转发抽奖 1000 元"……这些个人或经过包装的个人，最后都会走上商业化道路，甚至一开始就已经被精明地打造成商品。

自媒体上也有另一种形式的新闻、广告。但新闻不是传统新闻，而是以个人的眼光观察到的新闻，有些跟新闻概念根本不搭边；广告也不是普通的广告，需要加入大量的个人创意，结合自己的人设和产品的特色来巧妙地接入广告，既不让观众感到扫兴，又润物细无声地达到了宣传推广的作用。而自媒体立身的根本，仍然是拥有流量货币的能力。

想拥有更多流量货币，要先认清自己的定位，开拓自己的平台。你最初的流量货币只有一项——**亮出你的核心优势，向别人大声宣布你有价值**。让你自己成为某种话题，才能顺利参与流通，否则，你只是一把普通得不能再普通的货币，根本进不了流通的市场。那么，什么可以成为你的核心价值呢？

请仔细审查你的所有特点，特别是别人经常夸耀的那一部分，在本人自愿的情况下，它们就是你的社交资本。

很多人说你美丽，那么你的美丽就是流量货币，你可以拍美美的艺术照，可以教别人化妆，可以玩COS。总之，一切能突出你美丽的行为，都可以PO出来让人欣赏。

你爱吃？那么就拿美食做文章吧，可以经常探店，可以说说各地的小吃，可以谈谈烹饪的经验，也可以聊聊各种零食的优缺点——"知名美食博主"这个头衔不也是挺美的吗？

你爱评论，说话经常一针见血得罪人，在生活中常常会遇到麻烦，但在网络上，这就是你的流量货币！只要你的点评足够麻辣犀利，就会拥有一大批粉丝，因为你言简意赅地说出了他们的心声。

你是个喜欢开玩笑的人？那么就把你的幽默细胞充分发挥出来，给别人增添欢乐吧，让那些在工作和学业中疲惫了一天的人因为你的三言两语情不自禁地轻松一笑，谁不想敞开胸怀发自内心地大笑？传递正能量将是你的拿手好戏。

你说你才貌一般，知识有限，从小到大唯一的爱好是嗑着瓜子看电视。教科书内容记不住，电视剧情节却倒背如流，恨不得带着放大镜"逐帧学习"。好的，影视吐槽和恶搞配音区一定有你的一席之地。

如果你有才华——真材实料的才华，那就更好办了，请务必

持之以恒地展示你的才华，无论是书法、绘画、编织、雕刻、刺绣，还是拿废旧打火机做出变形金刚，有才华的人永远都不会受到冷落！

总之，在流量货币制度下，核心价值决定了基本的传播规模。当然，想要这份价值被更多人接受，有时需要加以适当地推广策略，有时也需要几分运气。

流量货币的多寡需要用平常心看待，不要一开始就想着红透半边天，也不要因一时的大红大紫就骄傲自满。

流量货币是无形资本，来得快去得更快，想要保持，还需在提高核心价值上下功夫。要记住，**没有人会十年如一日地看你装疯卖傻，却有不少人愿意几十年如一日地欣赏你的匠心独运、才华展示、智慧传播。**

制造话题：
探析"papi酱"一夜成名的爆点

2016年初，一个叫"papi酱"的女子突然成了许多人茶余饭后的共同话题，大家都热切地谈论着她的视频内容，她究竟有什么魔力呢？我们来看看她陡然蹿红的历程：

2015年8月，"papi酱"在其个人某博上发布了一系列秒拍视频，包括嘴对嘴小咖秀、台湾腔加东北话等。其中，她发布的短视频《男性生存法则第一弹》在某博上小爆发，获得2万多转发、3万多点赞。而后，她又推出了一系列秒拍视频，均获得了不错的成绩。

2015年10月，她开始利用变音器发布原创短视频内容。她以一个大龄女青年形象出现在公众面前，凭借张扬的个性、犀利的吐槽功夫，在各大内容平台的人气一路高涨。2016年初，她的某博粉丝突破200万；3月，其某博粉丝已经突破760万；4月21日，她的贴片广告拍卖会在北京举行，最后以电商公司丽人丽妆出价2200万元而结束了本场拍卖。

"papi酱"成名很快，她以火箭般的速度，在短短几个月内积累了几百万粉丝，攀登上了超级网红的宝座。她为什么能获得成功？在内容红利式微的当时，为何她能够逆势上扬？她的流量货币有什么独特魅力？

我们可以肯定的是，网红的爆红必然始于内容的创造。那些因颜值一时爆红的网红，如果背后没有网红孵化器的运作，必然会沦为昙花一现的笑料。在互联网时代，网红不是靠锥子脸、大眼睛、白肌肤的光鲜靓丽外表引人注目，而是要靠才华获得粉丝的赏识和宠信。我们知道，才华往往能转化为精彩的内容。而好的内容，才是流量货币流通的关键。

"papi酱"之所以能够快速走红，是因为她在内容打造方面充分结合了自己的影视专业知识，选题设计十分出众，从生活到娱乐到两性关系都有覆盖涉及，准确切中了当下网络社交空间中

大多数人的痛点。以接地气的草根叙事方式，同时结合时事热点，她用简短、精悍的吐槽倡导个体自由，而这也是年青一代所共同追求的东西。她的视频能够获得广泛共鸣，原因便在于此。

可能有些朋友会想：我也知道信息内容要新颖、独特、有趣，要能引起目标群体共鸣，可是为什么难以做到？

做不到，是因为没有找到爆点。现在，我们还是以"papi酱"为例，来深入探讨流量货币快速蔓延的引爆点。

首先，"papi酱"极端粗暴的内容彻底打破了人们的审美疲劳。

《好奇心日报》曾做过一个调查："你对什么感觉审美疲劳？""滤镜""网红脸""傻白甜"等成重度吐槽词汇。另外，鸡汤、反鸡汤、看起来很美很文艺的东西，也很难吊得起人们的胃口。看起来，那些大众化的"美"已经使人们出现了审美疲劳，很难再引起他们的兴趣。

那么，"papi酱"的流量货币的引爆点在哪儿呢？她彻底打破了人们有关"网红"的想象。我们来看：明明有颜值，她在视频里却很少精心装扮，往往妆容清简、衣着家常；明明音清体柔，她在视频里却偏偏经常使用变音器、对脏话口型。

这种强烈的视觉反差，自然引起了人们的兴趣。另外，"papi酱"以极其接地气的草根气质叙事，在几分钟的视频内布置了诸多贴近年轻用户的槽点，以"搞笑"和"草根精神"活跃于荧屏。

而这些正是年轻群体愿意看到的。

在当下的内容环境生态里，真正有趣的内容并不多。"papi酱"通过别具一格的选题方式、生动鲜明的表现形式，活灵活现地演绎了最普遍的社会现象，直抵人心。她能让观众在捧腹大笑之余，更加深刻地感悟生活。在她这里，审美疲劳消失了，取而代之的是无尽的满足感。

其次，在对的时间段，选择了对的表现方式。

2015年，俨然是微信公众号的火爆期。好的微信公众号太多，看多了我们难免会视觉疲劳。而在图文内容对用户的吸引和凝聚越发艰难时，视频内容却爆发出一往无前的潜力。我们知道，长视频拍摄需要很大的门槛，而短视频却是一个最佳的内容呈现类型。"papi酱"恰巧在2016年短视频爆发的年代发力，一夜成名似乎也不难理解了。

当然，我们也得承认，与图文内容相比，视频内容的变现空间更大。例如，品牌达人张大奕抓住互联网电商的风口，通过在社交平台分享穿搭内容积累粉丝，将这些流量转化为商品销售。2016年"双十一"，她的店铺营业收入超过2亿，成为淘宝第一家销量破亿的女装类店铺。之后，她还在2018年创立了自己的美妆品牌BIGEVE BEAUTY，2019年，她成为第一个在纳斯达克敲钟的中国网红。

正因为变现空间大，所以网红视频得到了品牌营销大军的喜

爱,这也使得内容平台更喜欢推出原创视频。视频内容集万千宠爱于一身,而"papi酱"又是视频内容中的佼佼者,自然要红红火火了。

最后,也是最重要的一点,那就是用心。

"papi酱"的成功,既有偶然,也有必然。偶然因素我们已然明了,必然因素很简单,只有两个字——用心。她充分结合自己影视专业知识,从选题设计到平台分发都十分用心。

别看"papi酱"的内容五花八门,什么日本马桶盖、烂片点评、两性关系、娱乐八卦等无一不缺,看似很杂,实际上,"papi酱"的每一次推送,都结合了时事热点。例如,"双11"前后,"papi酱"推出《单身节前夕送给单身的你几句暖心话》《你的爱豆脱单了吗?》《喜迎双十一》;1月10日晚,《2016微信公开课PRO版》刷爆朋友圈,凭借这个热点,"papi酱"很快推出一个关于微信的吐槽视频《微信有时真让我崩溃》,瞬间引起观众共鸣。

仔细观看"papi酱"的视频,我们就能发现,那些看似漫不经心、插科打诨的搞笑段子背后,实际上却蕴含着无数心机。这当然是她和她的团队用心的结果。

美国短视频平台Vine上的红人马科斯和科迪也说,他们在视频构思和制作方面花费了不少心血。他们经常会驱车到各地选景和购买道具,以丰富视频内容。据说一段6秒钟的视频,他们整个团队往往要花费超过4个小时制作才能完成，而且还会改动很多次。"papi酱"视频制作的精细程度丝毫不亚于Vine，这是其爆红的关键性因素之一。

综上所述，我们能获得一个启示：**制造话题，是寻找爆点的第一个方法。**

透过"papi酱"事件，你获得了什么样的启示呢？在社交网络爆炸的今天，通过信息传播获取财富已经不是什么新鲜事了，关键是，你找到那个引爆点了吗？

挖掘热点：
猎取人们隐藏的心理的冰桶挑战

在传统意义上，人们很难把"慈善"和"爆点"联系在一起。做慈善应该是庄重的、谦逊的、低调的，那些大张旗鼓做慈善的人总会令人侧目，倘若一个人过于热情地宣传自己的慈善行为，人们都会怀疑他做的其实是宣传，甚至会有人认为他是伪善。

但慈善又离不开宣传。当今社会，想要引起人们的关注，就需要制造话题和关注点，慈善业也不例外。如何更好地宣传慈善？大张旗鼓地打广告显然不妥当，常规性的介绍和呼吁又不能大面积地引发人们的兴趣，那些小规模的慈善组织的工作更加困难。

冰桶挑战打破了人们对慈善宣传的认识，这个风靡全球的运动引发了追捧狂潮，让人们迅速地了解了"肌萎缩侧索硬化"这种疾病，"渐冻人"走入了人们的慈善视野，更多病人得到了他们急需的捐款，而那些参与其中的捐款者，从中得到了趣味、名气、称赞等一系列流量货币，使他们的形象更上一层楼。真可谓人人都是赢家，个个都很nice。

冰桶挑战是由美国波士顿学院的前著名棒球运动员皮特·弗雷茨发起的，参加者都会拿一大桶冰水当头淋下，在那一瞬间体会肌萎缩侧索硬化病人的感觉，并把这个过程拍成视频上传到网络。然后，TA就可以指名3个人参加这个活动。被点名者必须在24小时之内完成冰桶挑战并上传视频，拒绝挑战就要为渐冻病人捐出100美元。

现在，让我们分析一下这个活动隐藏的独特思维和心理爆点。

冰桶，无疑是个巧妙的设计，既能让人在冰冻中体会到罹患肌萎缩侧索硬化症的病人的切身痛苦，又有抓人眼球的趣味性——大夏天给自己浇一身冰水，爽，好玩，刺激！

不只是好玩，这个活动还满足了人们多方位的心理需求：

慈善。每个人都可以在金钱充足的条件下做慈善，如果这种慈善能够用大众喜闻乐见的方式打造自己的善良形象，那简直是一举两得！

表现机会。无疑，人人都渴望有更多的流量货币，通过一项公众运动表现自己的随和、独特、爱心……并保证会得到关注，还有比这更好的机会吗？

名气。看看谁在参加这个比赛吧，微软的创始人比尔·盖茨，脸书的创始人马克·扎克伯格、苹果的现任CEO蒂姆·库克、谷歌的创始人谢尔盖·布林……还有无数世界著名的运动员、影视明星、歌手等，真称得上是星光璀璨。参加这样的活动，无疑能给自己迅速增加名气。

有这样一项比赛，不但好玩，还能让你提高名气，展现形象，显得善良有爱心、健康有活力，有什么理由不参加？ 这个创意简直把人们的心理爆点一网打尽！

于是，挑战赛以美国为中心如火如荼地展开，美国篮球队全体队员对着镜头举起了冰桶，各大公司门口聚满了看总裁们表演的人群，粉丝们更是热切期待着自己的偶像能加入其中……当时的美国总统奥巴马也接到了挑战，想必考虑到总统的身份和健康，他选择了捐款而不是浇冰水，这扫了大家的兴，引来了一些批评。

很快，冰桶横渡大西洋，来到了中国。面对这样一个宣传自己的大好机会，自然谁也不愿错过！

国内商界大佬们纷纷站到了镜头前，李彦宏、雷军、周鸿祎、王石、任志强……他们的提倡让夏天里的一桶冰迅速占据了人们的视线。明星们自然也不甘落后，海峡两岸暨香港的大牌选手们迅速上传视频。看到刘德华、周杰伦、章子怡等闪亮的名字，谁能不兴奋、不起哄呢？那些网红们也不甘示弱，纷纷跟着凑热闹。就连普通网民也跟着加入了其中，于是，冰桶挑战几乎变成了全民狂欢。

玩出花样也是很关键的。让我们看看国际巨星章子怡的表现，只见她穿着得体的泳衣站在游泳池边，面无惧色地淋了自己一桶冰水，然后转身跃进泳池去，给大家表演了一段泳姿秀，堪称既有爱心，又有创意。

值得我们注意的是，每一位参加者都意识到这是一个大量获取流量货币的机会，他们当然不会仅仅奉献爱心，而是抓住这个能一再扩大流量货币拥有量的平台充分展示自己——至少也要把自己的名字放上去。

冰桶挑战是一次极其成功的公益营销，它紧紧抓住了人们的心理爆点：热闹，有趣，能宣传。它把一个冷门疾病的募捐设计成了全民皆知的热点，以游戏的形式推广开来。

慈善是严肃的，但它同样也可以带着快乐。它提供的不再是一张刻板的捐款名单，而是一个展示平台。它没有明说这样一种逻辑：做慈善你不吃亏，你将得到数不清的流量货币！

综上所述，我们可以获得这样的启示：**制造热点，是寻找爆点的第二个方法。**

逆向思维：
利用爱占便宜心理的"吃垮营销"

在很久很久很久以前，那时的人们还没有听说过智能手机，网络论坛还是最流行的大众咨询圣地，那时的人们还不习惯走进西餐店，那时的必胜客才刚刚入驻中国，看不出来有多少竞争优势……

有一天，一张抢眼的帖子迅速传遍了互联网上的大小论坛，激起了人们极大的兴趣，它的核心内容简单粗暴：手把手教你如何吃垮必胜客！

吃垮必胜客？这口号真是太牛了。那时人们只知道如何吃垮自助餐厅，对西餐厅还不太熟悉。何况，必胜客可不是个想吃多少就能吃多少的地方。西餐很贵，很多人站在门口看看就走，根本不敢进去。听说里边一个面饼比菜市场买一只鸡还贵，一小盘沙拉顶得上半个月的工资，太贵了，不去！

针对这种心理，这个非常让人解气的帖子出现了，必胜客的沙拉竟然只有那么一个小盘子，简直是奸商，简直令人发指，简直在欺骗我们劳苦大众的感情！好，现在有这样一个方法，我们可以最大限度地在一个小盘子里堆起小山一样高的食物，让必胜客血本无归！朋友们，兴奋吗？来，让我们快来学习一下吧！

于是，人们兴致勃勃地仔细研究起了这个帖子。帖子里的步骤非常翔实，像是手把手地教你如何拿更多的食物：盘底堆满葡萄干和玉米粒，去水分，用勺子压实；用黄瓜片做外围，里边放上黄桃等水果，把缝隙处继续填进葡萄干和玉米粒；继续搭黄瓜、塞水果、填充葡萄干抹平，以此类推，只要你手艺好，你甚至可以堆十几层！

此外帖子还非常贴心地告诉你可以在网上打印优惠券，可以叫上更多的朋友，一顿丰富的西餐吃下来，人均不过二三十元，真的非常便宜！

现在，你还觉得必胜客很贵吗？当然不贵，就算有点贵，有了这么炫酷的堆沙拉技巧，也能把本钱吃回来了。于是，那些原本在门外徘徊的人走进了必胜客，跃跃欲试。

结果大家当然也猜到了，必胜客并没有被吃垮，反而渐渐顾客盈门，需要排队叫号才能等得到位子。至于那个传说中的十几层沙拉，网上不乏教程、不乏照片，也许真的有人堆出来过，但普通人根本没有那么奇妙的平衡感，盛取沙拉的夹子也无法完成那么多抹平和精确的摆放动作，大多数人还是老老实实地盛上一点水果和蔬菜，感叹自己技不如人。

如今，那个响亮的口号早已被人们遗忘，必胜客却成了热门餐饮。这是一次成功的营销策划，它告诉我们任何事都有爆点，只要你找到了它，制造合适的契机去推动它，它就会疯长，将你的名声传到大街小巷，让你在一夜之间拥有数不清的流量货币。

如何才能准确地寻找到这个爆点呢？

必胜客的"吃垮营销"的核心是心理暗示，它针对人们的心理进行逆向暗示，瓦解人们的成见，并隐蔽地利用了人们占便宜的心理，让更多人走进餐厅。

当他们尝到了味道迥异的异国快餐，感受到了轻松愉快的用餐环境，享受了周到细致的服务，他们很快就接受了这个新事物，甚至把它当作新型流量货币。

正面推广行不通时，就考虑逆向推广。人们对那些有悖常识的东西，往往报以更多的关注。好奇和关注正是推广的第一步。举个简单的例子，所有人都在卖白色衣服，你拿着一件黑色衣服招摇过市，立刻就能成为焦点。而**逆向思维，是寻找爆点的第三个方法**。

换位思考：
半路"杀出重围"的小米SU7

在人们惯常的思维里，"爆点"这个词带有偶发性，能够抓准爆点的人都是些反应快、身手敏捷的高手，普通人去哪里引爆？又拿什么引爆？

这其实是一个思维误区，"爆点"在很多时候都和潮流时尚、突发大事结合，看似只有少数人能抓住，但没有看到爆点可以被设计、可以被制造，那些话题和热点有多少是人为诱导、推动

的！**爆点最需要的其实是深思熟虑的头脑。**

从 2021 年官宣造车，到 2024 年小米 SU7 发布会上 27 分钟大定 5 万台，让雷军"压上自己积攒的全部声誉"所闯进的新能源汽车赛道，在短短三年内实现了从 0 到 1 的突破。让我们看看小米是怎样穿越重重险阻，接二连三制造爆点的吧。

追溯到雷军 2010 年创办小米之前，曾成功地推出了金山品牌。然而，他为小米选择的是一种与金山迥异的营销模式。如果说金山的宣传如同猛烈的风暴，那么小米的营销则如同精心培育的园圃，通过培养粉丝，最终实现遍地开花。其核心理念只有三个字：参与感。就像小米手机回应用户需求推出"五颜六色"的款式，小米汽车的参与感则体现在每周汇总用户需求并进行讨论改进，通过口碑营销形成了独特的"自来水"文化。

小米团队从谷歌的策略里领悟到互联网营销的真谛。谷歌提出："一切以用户中心，其他一切纷至沓来。"注重客户体验和人性化设计，为谷歌赢得了良好的口碑，并迅速提升了其在业界的占有率。雷军认识到了口碑以及互联网分享的力量。那么，如何让初出茅庐的小米汽车被宣传、被分享呢？雷军瞄准了人们的参与心理。

小米的目标用户自始至终就是追求高性价比、热爱科技和新鲜事物的青年人。因此，小米汽车在创立之初，便致力于打造一款真正属于年轻人的智能电动汽车，雷军对产品极为重视，亲自参与造车的每一环节，活跃得不像一个千亿总裁。尽管营销手段功不可没，但雷军也凭借其极具亲和力的个人形象，以及用心做产品的态度，为小米汽车的畅销增光添彩。

传统的商家主要分两种：一种是"向顾客低头"，另一种是"让顾客低头"。而小米选择和顾客做朋友，尊重顾客意见，还在自家媒体上卖萌，以此拉进与顾客的距离，消除顾客的顾虑，让顾客积极参与营销活动。换言之，小米直接将广告植入顾客心中，通过顾客传递产品理念给更多人。口碑靠的是什么？信任。人们最容易信任的是什么？不是铺天盖地的广告，而是来自朋友的推荐。一句朋友的"终于等到了我最心仪的车"，胜过在网络上说100遍"某某汽车就是好"。

小米为何能在产品推出之前就赢得这样的信任？来看看小米的预约服务吧！不是冰冷的填单，而是设计了有趣的形式。在小米汽车的设计过程中，雷军在微博上发起投票，让用户选择喜欢的颜色。对于网友们吐槽的小米SU7轮毂小、LOGO大等问题，小米全部进行了改进。预售时，小米还增送车载冰箱、真皮座椅、碳纤维后视镜……完全把"顾客需要"放在了首位。一个品牌在各个环节都注重人性、注重体验，口碑就是这样产生的！

这种口碑又不同于传统的广告式口碑。它让顾客将小米视为"我看着长大的"产品，产生天生的心理亲近感。即便小米出现问题，仍有很多粉丝愿意在媒体上表示支持，"共克难关"。

小米提出了"参与感三三法则"，具体内容是——

三个战略：做爆品，做粉丝，做自媒体；

三个战术：开放参与节点，设计互动方式，传播口碑事件。这一法则恰恰契合了互联网思路，精准把握了客户心理。

当然，小米的实力不容小觑。高配置和亲民价格是实实在在的，不是吹出来的。青春活力，外观精美，系统友好，都是小米的亮点。小米深知自身优点，并持续强化。凭借口碑推广，小米这个低调的品牌，开创了低端逆袭的先河，在业界独树一帜。

换位思考，是寻找爆点的第四个方法。若你能为他人着想，提供心理释放的空间——无论是满足其参与需求还是产品需求，都能以真诚赢得如朋友般的支持。

剑走偏锋：
反向刺激消费的"最难喝饮料"

全中国最难喝的饮料是什么？也许你已经知道了——东方树叶、格瓦斯、黑松沙士、红色尖叫、崂山白花蛇草水等纷纷上榜。某一天，这些你不熟悉甚至听都没听过的名字突然走红，你会不会也好奇这些饮料到底有多难喝，而想尝试一下呢？

在网上你甚至看到了这样的促销海报："现推出五种饮料捆绑销售活动，让你一次尝遍五种最难喝的饮料，只要二十几块便能一次爽个够！还包邮哦亲！"

这是一次商家策划的推销活动吗？其实不是。一开始，这只是网友们自发的吐槽活动。结果，聪明的商家立刻行动，跟风而上推出了体验装。

现在，你已经尝到这五种饮料了：东方树叶除了苦还是苦，格瓦斯有点面包味，黑松沙士有一股风油精的清凉，红色尖叫有一种虫子的味道所以让人想尖叫，崂山白花蛇草水带着一股草席子味……这些大概会得到重口味爱好者的喜好！这些滋味太销魂，有些人再也不想喝第二次了。不过，也有一些人还会买第二次，挑战一下极限，好，再下一份订单。后一种人里也许还包括你。

如果你也品尝了这五种饮料，那么你已经进入了流行爆点的心理风暴区，想要尝试那些大家都在谈论、都在尝试的东西，哪怕它难以让人接受。但恰恰是因为它难以让人接受，才更显示出你的独特和大胆。从此，你可以骄傲地在朋友圈里宣布："我可是连最难喝的五种饮料都尝过的人，还有什么好怕的？！"——**要的就是这种效果，你要，商家要，大家也需要，于是，这种"反向流量货币"得以走俏。**

这种反向推销并不是第一次被应用，以前早就有商家用过数次，最有名的一次莫过于"瑞典鲱鱼罐头销售"。那是在几年前，各国美食大规模地被商家引进，你随时能看到法国传统美食、意大利国宝级美食或者英国流传了上千年的配方等。鲱鱼罐头则是瑞典传统的美食罐头，据说在北欧广受欢迎，商家也把它作为宝贝引进了中国。

也许引进鲱鱼罐头的商人忘了自己先去尝一尝。当你开启鲱鱼罐头时，一股恶臭便会扑面而来，屋里屋外的所有物体都会沾上这股味道，无一幸免！

这哪里是美味食物？这一定是过期货！差评，退货，商家无良！赔偿经济损失！商家却感到万分冤枉，因为这绝对是新鲜进口的高等罐头，日期还是最新的呢！查了查资料，原来它就这个味！臭怎么了？你吃臭豆腐不也吃得欢，你看看榴莲卖多少钱一斤。

可惜不能和消费者吵架，商家索性将计就计，大力宣传此种罐头的万恶特点，让它的臭、它的奇葩渗透力、它对味觉的挑战名扬天下。"这种食物，要多难吃有多难吃，要多臭有多臭，简直不是人类能够忍受的"——类似的宣传语非常多，极力去渲染鲱鱼罐头的暗黑和恐怖。

于是，顾客的胃口被调动了，究竟有多难吃？究竟有多臭？一时间，订单不断，顾客们花钱买罪受，还兴冲冲地把图片反馈回来，换着花样形容这种罐头的味道，挑逗着更多顾客继续花钱买罪受。难吃又怎样？难得的是刺激！

当正向宣传行不通时，反向刺激也一样能提高关注度，有时反向话题比正向话题更容易流行。刺激性有很多种。

来看一看格力集团董事长董明珠是如何推广自家的手机的。只见董女士目不斜视，气沉丹田，手中举起一款格力手机说："今天我可以大胆地说，我的手机世界上第一，当然我讲的不是销量第一，但最起码我敢对消费者承诺，我的手机的品质，我可以讲第一。我今天在这说我这手机两米摔下去不会坏,你敢摔吗?"——与此同时,那手机被她狠狠地摔到了地上。

霸气吗?颤抖吧!现在,你是不是一下子就记住了原来格力不只有空调,还有一款摔不烂的"世界第一结实"的手机?剑走偏锋,也是寻找爆点的一个不错方法。不过,这种方法不能常用,不然,你就会成为一个负面话题之王。这可不是好头衔,它会让人直接怀疑你的人品。

情感分享:持续爆红的路线

说到爆点,无论短期爆炸也好,长期积累也好,一定要强调创意,一定会要求机遇,一定要制造话题。到底有没有一个方法,不需要那么高的技术含量,不需要整天琢磨时机,不需要分分钟争取话题,却能保持流量货币的增加,能保持社交信用的额度,能带来更多的增值机会,甚至还有在某一天成为爆点的机会呢?

有。

不过不要兴奋得太早,下面要说的这种方法已经被数不清的人应用过,因为它是混迹网络、游走社交圈的基本方法之一。有人靠它成名,有人靠它捞金,也有人靠它成为社交的焦点。只要你愿意持之以恒,再有一点儿文笔与情商,它就能给你带来一笔稳定的流量货币，屡试不爽。

如果说别的方法都是难题，这种方法就等于是送分题。在这里，我们不妨将它命名为"情感分享增值大法"。

所谓"情感分享增值大法"，顾名思义，就是以情感分享作为基础信息，借用剖析情感案例、解答情感疑惑、探讨情感难题、促进情感交流等手段，实现消息提供者、发布人、议论者的三方互动，并让更多人跟随话题进行情感分析交流。这个方法的好处是操作难度不大，接地气，参与的人多，话题性强，可以带来持续性的关注。

这种介于八卦、段子、鸡汤中间地带的社交银行一直是饮食男女放不下的场所，银行主人坐地理财，靠着打码帮人透露隐私，凭空收入大量流量货币——当然，有些隐私是自己编的段子，这个就不必说了，大家都懂，只要够狗血、够热闹，没有人会去拆穿。

都市男女需要这样一个空间：当他们在爱情上受了委屈、一腔怒火无处发泄时，就想让更多人看看自己的前任究竟是如何极品；当他们遇到了笑里藏刀、争抢功劳的同事时，吃了大亏又要维持表面上的和平，只好在网上匿名发表帖子说"我的同事是个奇葩"；当他们遇到了难解难分的人事纠葛，洪荒之力无法克制时，会在互联网上找一个地方吐一吐槽，并请网友们帮助自己出出主意……

这类情感流量货币的拥有者，在某博，在某乎，在微信，在某书上，每天都会有一大堆的业务，中国人那么多，每个人都可能会遇到几个极品，每个人都可能会发生匪夷所思的故事，大多数人都有一腔倾诉的欲望却无处发泄。只可惜，他们不能直接上网去随便骂，只能通过匿名发一个帖子，或者把事情发给某个公众号，借助对方的粉丝的传播来达到自己发泄的目的。

还有一部分人遇到麻烦事难以解决时，会真心实意地@某些大V、某些公众号、某些作家想要请求这些名人的帮助。他们或想得到这些看起来很聪明的人的建议，或想听一听网友们究竟是怎么说的。这一类公众号大多是兼职的情感作家或励志作家，他们往往会分享别人的经历、畅谈自己的智慧，尽管也有熬鸡汤的嫌疑，但总的来说，还是起到了很强的正面作用，因此一直有着不俗的人气。

还有一些互联网论坛上的分享帖，因为内容很奇葩，让很多人忍不住去转发，于是也能呈现出一种大规模扩张的趋势。有时候公众号也会利用粉丝量大这个优势，抛出一些争议性问题，例如"产妇剖腹保大保小"的尖锐话题，让每个人都愿意发表自己的看法，甚至会引起争论，而话题的最终目的就是关注度和转发率，也就是更多的流量货币。

也不要认为这件事毫无技术含量。在大量信息中选取有代表性的，也需要有独到的眼光；想要找出一个能够引起广泛关注的话题，也需要了解时事和热点。**最起码，要了解人们心理上的命门。**

感情分享方式可不只有一种。近年来，脱口秀综艺和喜剧小品大赛一次又一次火出圈，这些表演通过幽默、自嘲或讽刺的手法，触及观众的共同经历和情感体验。演员将日常生活中的尴尬、压力或社会现象以轻松诙谐的方式呈现，使观众在哄然大笑中找到情感的宣泄和认同。这就是共鸣带来的传播力。

想当一个成功的情感大V也许不容易，但情感分享依然是每个人都能取得流量货币的好方法。**只要你能抓住普罗大众的情感点，你就不会没有市场。**

即使你有其他的话题点，也可以考虑进行适当的情感分享。或者，说一说你的情感经历或情感困惑，让别人更能了解你；或者，参与几个情感话题，说一说你的看法，这样更容易拉近你与关注者的距离。

如果你有很多粉丝，你也肯定会收到他们的求助或者倾诉。这时候，你不妨在征得对方的同意后与更多的人分享这个问题，这样既能帮助他人解惑，又能进一步拉动你的人气。须知，社交社交，联络的终究是感情。

聚沙成塔：一直没有爆点怎么办

通过前面几节的内容，我们学习了寻找爆点、制造爆点、抓住爆点以及反向爆破的方法，还修炼了爆点神功的基本大法。当然，即便如此，想必还是有人会说，爆点，是个天时、地利、人和的运气活儿，网上人这么多，出名的又有多少呢？出名的人这么多，靠爆点走红的又有多少呢？这样一计算下来，靠爆点得到社交财富的概率还真不高。

其实，我们的脑子没必要一根筋。爆点虽好，也不用只盯着它，没有瞬间爆炸的级数增长，我们还可以学习另一种突破式引爆法。当然，这种方法需要更长的时间、更深的智慧，不会让你"一夜暴富"，却能让你能够天天看到流量货币在增长。这就是"话题量增长法"。这个名字是不是太抽象？别被它吓到，它一点也不难懂。

首先请你回答一个问题：在某博上，经常上头条的是哪一位？

回答不上来？你当然回答不上来，哪有人整天都能占据头条的。

再回答一个问题：在某博上，永远上不了头条的人是谁？

答案居然如此一致，是的，我们都知道这个人是——汪峰。

说起汪峰和头条的关系，简直是一场让人心疼的喜剧大戏。摇滚歌星汪峰成名已久，在新人当道的娱乐圈，他和许多老牌明星一样，渐渐成了年长一代的记忆，渐渐远离了年青一代的视野。后来，他成为"中国好声音"的导师，重新有了走红的迹象，某博粉丝持续增加，歌唱事业也在发展，但大红大紫还说不上。

混娱乐圈的人谁不想上头条？人们相信汪老师也一样，特

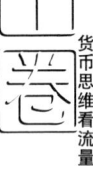

别是汪老师找了一个国际巨星做对象,话题度更是节节攀高。但是,任凭他和国际巨星合作也好,互相表达情意也好,甚至订婚、结婚、生孩子,他都没有捞到一次上头条的机会。不是合作者不给力——国际巨星靠着新电影拿了一堆大奖,收获了很多头条,唯独他总是与头条擦肩而过。

每当汪老师有了新动作,比如发表新歌开演唱会秀恩爱时,总会有突发性爆炸式的新闻来袭,然后把汪老师的新闻挤到角落里去。某某出轨,某某结婚,某某回国发展,某某演唱会等,仿佛全世界都在阻止汪老师上一次头条。

人们哲学地做了这样一条归纳:"莱昂纳多与奥斯卡,村上春树与诺贝尔,汪峰与头条。"当然,2016年莱昂纳多终于捧到了奥斯卡金像奖的奖杯,汪老师也在2023年因离婚登上了头条,但他与头条间这份独特的纠葛至今仍被网友津津乐道。事实上,汪老师真的十分在乎这个头条吗?他被娱乐圈称为"中国摇滚界的半壁江山",只要你经常能听到他的歌,看到他的名字,感受到他数一数二的话题度,上不上头条又有什么关系呢?

我们其实是想用这个极度成功的例子来说明以下道理:话题的积累能够导致流量货币的质变,**持续性的话题度最终会变为爆点,这种爆点的作用力范围更广,影响也更深。**

没有爆点的时候,千万不要气馁,而要用各种方法保持你的话题度,你不需要大热,只需要保持!在不断的量变积累中,总有一天你也可以迎来你的爆点。

小成本，大突围：
流量货币的核心本位是什么

网络有时是个无须激励机制就能自行作用的平台，就看你有没有头脑加以利用。这是个呼唤创意的年代，这是个渴望刺激的年代。**在这个年代里，新鲜事物有成长的沃土，小成本甚至零成本的制作，只要制作得当，击中人们的心理，也能迅速疯传，取得让人惊讶的宣传效果。**因此，流量货币的核心本位在于创意。

2022年9月，一款名为《羊了个羊》的小游戏突然爆红，它高调地给自己贴上"通关率不足0.1%"的标签，吸引了众多玩家的目光。

这是一款非常简单的方块消除游戏，只需在卡槽内凑齐三个相同图标即可消除，游戏关卡也仅有两关。然而就是这样"简单到粗暴"的游戏机制，却让越来越多的玩家情不自禁地"屡战屡败，屡败屡战"。

如果说"羊了个羊"第一关是"福利关"，那么第二关就是"地狱关"。这"断崖式"的强度反差颠覆了常规消除类游戏难度的晋升机制，也激起了玩家的胜负欲，有人一天失败了5147次都没能通关。而"羊了个羊"主创团队贴心地给大家准备了三个复活道具，看30秒钟的广告或者分享给好友，就能获得再试一次的机会。就这样，"羊了个羊"成功制造了"话题裂变"，知

名度飞速攀升。截至 2022 年 9 月 19 日，与"羊了个羊"相关的某博话题阅读量超过 60 亿人次，总互动超过 540 万次。由于游戏过于火爆，甚至出现了后台宕机的情况，服务器两天崩了 3 次。

游戏中还巧妙地设置了一些拿捏玩家心态的话术。例如在游戏失败时弹出"差一点就过了，你说气人不！"在玩家放弃游戏时弹出"确定吗？本局还有一次复活机会可用哦！"等提示来挽留玩家，精准地拿捏住了玩家们的游戏心理。就这样，"羊了个羊"真正做到了小成本、大突围。

这就是创意的力量。在现有经验的基础上，无须逆天的美工，只需做到足够有诚意和可爱，再加上有趣的创意，你就可以独领风骚。

在这个时代，反而是动辄上千万、上亿元的大制作显得有些冒险。可不是吗，我们每年到底看到过多少烂片，这些片子只肯把钱花在大牌明星的出场费和网络媒体的营销费上，却不知道在最根本上投入一点资金——找个好点子，找个好编剧，或者找个好卖点。

但这种格局尚未分明的时候，正适合人们一展所长，抛掉思想负担，尽情发挥创意。在网络上，创业并不难，谁都有第一笔流量货币，谁都可能赚到第一桶社交资金。接下来的路该怎么走？小成本能否干出大事业？希望你已经从这本书里得到了答案。

拥有一千铁杆粉丝就"稳"了吗

美国《连线》杂志主编凯文·凯利在他的《技术元素》一书中说:"我并不知道养活自己所需的实际铁杆粉丝数量,但我认为,一位专注的艺术家能够培养1000名铁杆粉丝,并且通过新技术获得粉丝的直接支持,从而过上安稳的生活。"在互联网背景下,这句话经常被简化为:"**拥有一千铁粉,就能过上安稳生活。**"

1000这个数字究竟夸不夸张?其实它真的刚刚好。如果有1000个人对你的自媒体平台持续关注,并愿意直接"打赏"金钱,那么只需要每人每年给你100元,你就拥有每年10万元的固定收入,肯定能够保障你的基本生活了。若在二、三线城市,这甚至可称得上是小康了。而且,1000这个基数看着小,却有着不容小觑的传播力,1000个人倘若每个人有10个朋友,你就拥有了潜在的1万点的传播货币,再加上朋友的朋友——只要内容得当,你甚至可以靠这1000个人实现信息疯传。

粉丝经济早就已经起步。在粉丝经济高速发展的当下,重视粉丝喜好,根据粉丝要求调整形象和发布内容,也成了保证人气的不二法门。如果你完全按照粉丝的喜好来设计自己的出路,你很快就会发现无路可走。一部分粉丝喜欢你的幽默,一部分粉丝希望你更加严肃,一部分粉丝希望你只写段子,一部分粉丝希望

你别打广告……粉丝的基数越大,越有众口难调的无力感。

更可怕的是,一旦你按照某些粉丝或市场的要求包装了自己,你未必能一帆风顺地走红,你会发现网络上有无数个同种型号的"类产品",按照大众口味包装,尽量说粉丝想听的话,按照粉丝的喜好表态,甚至经常让粉丝投票决定自己的走向……这样能够留住粉丝吗?在一定时间内,确实可以提高粉丝的忠诚度。但你一旦出现了空档期,粉丝就会外流——可以替代你的人太多了,他们随时都可以粉另一个,而把你遗忘。你为了粉丝的喜好,抛弃了自己的核心价值,最终会被他们抛弃。

但我们依然要重视粉丝。**流量货币的价值来源是什么?形象价值。流量货币的变现基础是什么?粉丝**。如果说形象是流量货币体系的骨骼,粉丝无疑是它的血肉。在绝大多数时候,流量货币的现实价值只能通过粉丝实现。热点哪里来?评论、转发、点赞,这是粉丝的功劳;价值哪里来?分享、分享、再分享,这是粉丝的宣传;现金哪里来?广告、周边、收红包,全靠粉丝的奉献。难怪有人总结:粉丝就是王道。

一个只有300粉的新社交形象和一个有300万粉的资深社交形象有什么不同?哪怕前者比后者更有能力、有想法、有素质,人们依然只会盯着后者看,广告商也只会找后者谈生意。后者想要进行流量货币变现可谓轻而易举。前者呢?即使发动众筹恐怕也没有多少人愿意理会。这就是粉丝经济的现状。

所以,具备粉丝意识成了流量货币成长的一大关键。这个关键有两个层面的含义：一是保住老粉丝；二是吸引新粉丝。前者关键在于提高粉丝忠诚度，这也是流量货币保持活力的关键；后者关键在于扩大传播范围，是影响力发挥作用的根本所在。

保住老粉丝需要从自身素质上下功夫，包括保持个人特色，不断提高自身能力，不要让自己的平台广告泛滥，要有作品、有话题。总之，一旦粉丝有了一个基数，你的形象就能因此稳固。**只要避免以下三种情况，就不会大规模掉粉，这三种情况是：突发性不可逆丑闻；持续性无营养广告；100 天以上不更新。**

吸引新粉丝更为重要。有老粉丝做基础，新粉丝随之而来，但基数有限，无法靠老粉丝介绍大规模新粉丝。想要加大吸粉力度，要靠自己想办法。而那种没有老粉丝想要从零吸粉的人，更要在策略上下功夫。

吸引粉丝策略有赠送、红包、抽奖，主要是靠一些实惠措施鼓励用户前来体验；还有话题、宣传、活动，主要靠刺激用户的好奇心，鼓励用户的参与感；还可以靠与其他平台联动扩展粉丝群，或者借热点来吸收新粉丝，这也是营销的一部分。这些策略，老粉新粉皆宜，只看你能不能用在合适的时间和地点。

吸引粉丝的根本是有趣、有料或有用。还是那句话，内容是王道。给钱不如免费，强迫不如自愿，只有粉丝自愿传播，才能真正形成规模。自愿的根本就在于消息本身能够打动粉丝。在趣味、专业和用处上狠下功夫，做一个"三有自媒体"，才能保证流量货币的成长。

另外,不必总是想着开发一款专有APP来吸引粉丝,利用现有平台一样可以达到良好的宣传效果,还能节省开发资金。小米手机曾把QQ空间作为宣传平台,取得了出人意料的成功。

现有的某音、某书、QQ、微信等平台,可以让绝大多数自媒体或厂商当作展示平台,用户也习惯使用这些工具,而不是花费时间重新下载一个未必好用的软件。在没有大笔固定资产之前,建议不要冒险搭建自我平台。

第五章

流量货币的"通货膨胀"
战胜"信息疲劳"

你有没有好奇过，一天之内你收到过多少种信息？想要统计这件事困难很大，有些网页上的信息在你眼前一闪而过，有些闲聊里的信息你左耳进右耳出，这些信息就像公交车外的广告牌，还没有看清模样就消失了，但是这不代表你完全没有印象。据《疯传》的作者不完全统计，人们平均每天要传播 16 000 个词的消息，每小时要共享 1 亿段关于品牌的宣传语。

有没有感到惊讶？你真的说过那么多话吗？你真的看了那么多广告吗？半点也不假。这就是信息高速公路上的日常生活，不然，我们又怎么会如此强调流量货币的重要性呢？如此多的信息是好事吗？恐怕不然。大多数信息都是我们并不需要的垃圾信息，人们每天接收和处理垃圾信息的时间也在增多，这就造成了普遍的"信息疲劳"。

这种疲劳直接关系到流量货币的含金量。每一天，互联网上都会有大量流量货币拥堵着我们的信息渠道，大量信息造成了流量货币影响力的下降。流量货币虽然不是真实货币，但它一样会遇到通货膨胀。在现实中，社会流通中的货币超过了实际的需要，就会导致物价飞涨，令货币的实际价值下降。流量货币也会这样。

"通货膨胀"后的贬值

流量货币通货膨胀的最直接现象是什么呢？就是你说的话有无数人在说，所以没有几个人愿意听你说；你做的事有无数人在做，你并不是首创者，首创者的热度也已被分流；作为信息发布者，你越来越难以产生影响力，你一炮而红的梦想越来越不切实际；作为信息接收者，你对越来越多的信息越发感到厌倦，感受能力越发下降，很难再找到激动的感觉。

例子随处可见。

夏日将至，又到了美女们秀身材的季节，有人在这个时候发起了"A4腰"的话题。什么是A4腰？也就是说腰比竖放的A4纸还要窄，也就是腰宽小于21厘米。于是，从明星到网红，从校花到邻家姐姐妹妹，美女们纷纷拿起了一张A4白纸放在了自己的腰间进行拍照，狂秀自己的好身材，从而令宅男们都大饱了眼福。

全民娱乐风狂刮的时候，你又怎么可以不参与？有身材的秀身材，让亲朋好友看一看你的健身成果，对你的形象有了更深刻的认识；如果你有超级有效的运动瘦腰法，赶快发出来分享，保证你会深得那些"五月不减肥，六月徒伤悲"的女粉丝们的心；想要画图做视频的人也要快一点动手，这是多么好的话题啊，正适合发挥你们的创意；卖健康食品和代餐食品的人又怎能落后呢？现在正是这类人做广告的好时机；服装店更是要赶快搭配出

"最能展示A4腰的连衣裙""神奇遮掩效果媲美A4腰的百搭款"来迎合顾客……总之,跟上了潮流,甚至引领了潮流,你就是信息时代的大赢家。

但是,热点来得快冷下来也快,潮流转瞬即逝。不过三五天,最多一个星期,A4腰就成了明日黄花。待热点一过,这时的你再秀也好、卖也罢,宣传得再卖力,也不会有几个人理你,有些人甚至还会拿看土老帽的眼光看你,说你跟风,说你没创意,说你out了。为什么?市场饱和了,流量货币升不动了,话题贬值了,此路行不通了。

不但A4腰受了冷落,随之而起的那些锁骨养鱼、酒窝夹笔盖、一元硬币手……甚至还没有A4的腰热度,更没有A4腰的辉煌。这些都是流量货币"通货膨胀"的体现。为什么会产生通货膨胀?要么是东西少了,要么是货币多了。这类信息不再受关注,就是因为"货币多了"。人人都有,人人都玩,热闹一过就成了廉价品,相似的信息太多了,让人吃不消,结果只能是——流量货币"贬值"。

这种现象也可以看作是过分寻找爆点的延伸。爆点有了,接下来就是信息轰炸。在大量的信息波中,人们容易得到刺激,容易奉献大量流量货币,但也容易厌倦,容易产生审美疲劳。就像人的感情,轰轰烈烈的常常留不下什么,细水长流的虽然平淡却长久。爆炸性的东西给人们带来的快慰毕竟是一时的,想要保持流量货币的价值,仅靠爆点是不够的。

那么,流量货币保值的关键在哪里呢?仍然在于核心价值的

确立和维护。风潮来了又走，风格不易动摇。为风潮关注你的人会随风潮而走，为风格关注你的人却始终好奇你有什么样的新动向。

不过，倘若你一成不变，也会渐渐失去魅力；倘若你因为想要保持活跃度而盲目跟风，你的周围就会多了吵闹，少了活力，你的自媒体将岌岌可危。没办法，流量货币就是这么一个需要费心费力费头脑的东西。

现在我们已经知道，任何人的流量货币都有可能遭遇通货膨胀，都可能会遇到"过气"的困扰，所以必须引起你的警惕。当你发现与你相似的自媒体太多，当你发现自己的话题已经不新鲜，当你发现你的平台活动量变少，当你发现你的粉丝已经产生了低迷情绪时，你的"通胀危机"已经到来。

不过不要紧张，办法是人想出来的，即使身在真正的经济危机里，依然有大把的人能够转危为安。你需要做的其实是认清现实，抛弃抱残守缺的落后想法，积极创新，勇敢进取，找出一条新路来。

拿什么拯救大众的审美疲劳

在探讨突破通胀新道路之前，我们先把"旧道路为何堵塞"等历史遗留问题研究清楚，只有清算错误才能拓展头脑，才能更加深入地了解通胀的成因和流量货币贬值的原委。本节我们先来

探讨这个问题：跟风到底是不是一件划算的事？

我们常常看到这样的情形：有人做了一个充满创意的吐槽视频，就有人不问自取地拿到自己的平台上去，以增加点击率；或有人会迅速做出另一款题材相似的视频；或有人根据该视频延伸出一些漫画和段子……总之，一个火爆的话题可以引发"搭顺风车"的高潮，令不少人借此"蹭人气"、吸粉丝，捡到一沓沓流量货币。

跟风算是一种聪明的选择，流量货币需要娱乐性，而事情有了娱乐性，就更容易被大家谈论，而跟着热点走自然少不了娱乐性。跟风等于在别人的热点中分了一杯羹，有点占便宜的意思。因为这一便宜是实实在在的，所以占的人始终很多。

可是，如果你一直只会跟风、看热闹、占便宜的话，你的流量货币就很可能会持续性贬值，因为你的原创性太差了，一定程度上你只是一个信息的中转站而已；更可怕的是，有时候甚至可能会直接变成垃圾回收站。同样的时间，人们更愿意关注那些新鲜创意制造者的平台，而不是你。这就是金融领域常提到的"这笔投资算是砸在手里啦"。跟风注定了你很容易被他人取代，人们能够发现你，就能够发现比你更有关注点的人，这时，你就是那个被抛弃的选项。

人们为什么要关注你的信息？其实本质上是一种审美上的取向，不论这个"美"是来自你的外貌、观点、商品还是才学，都是你身上具有独特的美的价值，人们才愿意关注你，也才愿意让你成为他们的流量货币。**这个过程看似单向，实则双向：你从中**

取得了流量货币，你也必须持续为他们提供流量货币。

是的，正是审美取向把你们联系在了一起。一旦关注者的审美口味变了，你会不会被他们移出关注列表呢？未必。如果你身上还有更多值得挖掘的审美点，他们同样会继续关注你。但如果你除了跟风、转发、抖机灵外一无所有，那很抱歉，恐怕没有人会愿意花费时间对你关注下去了。

比审美口味改变更可怕的是审美疲劳。如果你长年累月只做一件事，就像每天都要重复三点一线的工作，谁还有心情体味其中的美？而跟风者所做的恰恰就是这样一件事。尽管他们今天喜欢这个电影，明天喜欢那首歌，但人们最终会发现，他们不是喜欢，只是喜欢跟着别人的喜欢。当个性消失时，他们的魅力就再也不存在了。

所以，跟风而来的流量货币不是没有价值，而是价值很低，太容易贬值。它带来的审美疲劳会令人越来越不喜欢，甚至想要取消关注、粉转黑、去吐槽讽刺。而长久没有改变的信息传播带来的是另一种疲劳，叫作"审美折旧"。当刺激性持续下降，兴奋点逐渐消失，存在感逐日减淡，"审美折旧"带来的并不是关注的减少，而是传播范围的逐渐萎缩。

审美疲劳和审美折旧也是流量货币"通货膨胀"的一大元凶，埋怨信息接收者喜新厌旧、胃口刁钻或评论苛刻没有任何意义。一切矛头最终都会指向信息提供者。

技术性平台的没落，除了一部分外力作用外，大多是因为自身不再能提供更方便、更快捷、更有效的服务，因此被用户放

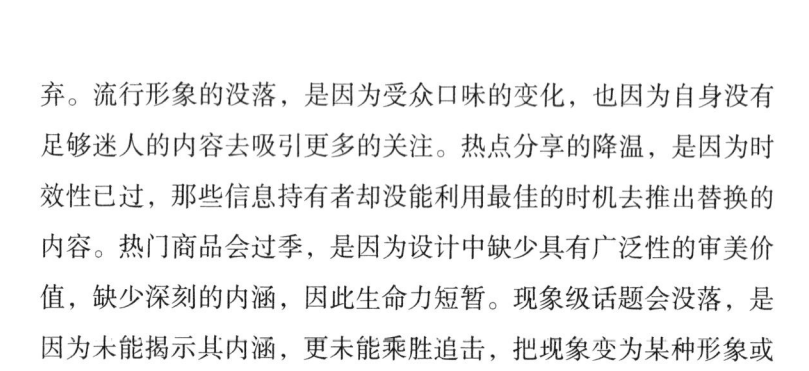

弃。流行形象的没落，是因为受众口味的变化，也因为自身没有足够迷人的内容去吸引更多的关注。热点分享的降温，是因为时效性已过，那些信息持有者却没能利用最佳的时机去推出替换的内容。热门商品会过季，是因为设计中缺少具有广泛性的审美价值，缺少深刻的内涵，因此生命力短暂。现象级话题会没落，是因为未能揭示其内涵，更未能乘胜追击，把现象变为某种形象或文化，因此只能是茶余饭后的谈资。

自媒体丧失吸引力，始作俑者仍然是自己。那些过分诱导性的广告，把观众当成了傻瓜；过分自信的内容，并没有学到最新的潮流；过分套路的话题，却激不起人们的参与意识……这些都是令自媒体丧失吸引力的主因。

所有的审美没落都和生命力缺失有关。功利性的营销带来了规模，却没能带来灵感；跟风当"搬运工"转发别人的内容带来了热闹，却带不来长久的欣赏与关注；转发抽奖活动带来了新关注，却带不来新粉丝。信息分享的生命力只与真实和创造有关，认不清这一点，永远没有出路。

当你发现旧道路正在堵塞或已经堵塞，就不要留恋你的老形象、老粉丝、老规模了。留恋只会阻碍你前进的步伐，并加快它们的贬值。你需要转变思路，做一些不同的事。例如，去充电，去思考，去旅行，去向别人取经。

总之，不要因为害怕人气下滑，就拼命重复那些老话题，转发所有人都能转的段子。这些明显的手段只会让你的被关注度下滑得更厉害。如果新事物的孕育还需要时间，不妨迅速积累，努力寻找新创意、制造新热点，以使自己在粉丝们的期待中来个一鸣惊人。

"僵尸粉""水军"
到底有没有必要使用

你一定听过"僵尸粉"，它们和你的ID一样顶着头像，顶着名字，甚至还有个人简介，它们负责点赞，转发，刷屏，灌水，给你的粉丝数多添一个或几个"0"。因为活动机械，面目模糊，发言永远是那么几句，人们形象地将它们起名为"僵尸"。有时，网站系统会自动给你免费派送若干僵尸粉，恐怕你还曾纳闷：这些奇怪的人是从哪儿来的？

有需要才有市场。有些网站的排名靠的是人气热度，例如，统计点击数量，统计关注数量，统计转发数量，根据点击量或转发量进行推荐。这时，僵尸粉的力量就会显现，它们一齐发力，就可以把一个平淡无奇的帖子顶上热门。而且，粉丝是个位数，热度是个位数的日子不好过，花十块二十块买个热闹，人们也不反对。这就是僵尸粉诞生的土壤。

后来，人们渐渐了解了僵尸们的底细，于是越来越多人开始厌恶这些不请自来、随意行走的僵尸了。为此，僵尸粉商家与时俱进，开发出了新一代僵尸，这些僵尸做得越来越逼真，不但名字更有活力，头像更有内涵，在转发里还加上了关于你的关键词，还可以和你或你的粉丝聊上几句。当然，僵尸们经过设计的万用句式还是不能被仔细推敲，只要仔细分辨，仍能看出端倪。

僵尸粉到底有没有必要？这件事需要从两方面看。对于一个刚起步的小明星来说，粉丝太少容易被大家小看，这时候经纪公司会准备大量僵尸粉，靠转发、评论、点赞数来充一充门面。或者给他们买一些热搜，买一些话题，买一点广告等。这些其实都是"僵尸粉战略"的延伸，为的是以虚假的繁荣带来真实的热度。

效果怎么样呢？起初，这一招着实奏效。当热搜榜里突然出现一个陌生的名字时，当某条内容突然被大量疯转时，人们的猎奇心理会驱使他们蜂拥而上，踮着脚想了解一下这个人到底是谁，这内容究竟有什么稀奇之处。于是，传播的齿轮被带动着缓缓地运转起来，大规模的传播开始了。就这样，经纪公司达到了目的，人们也（暂时）记住了新人的名字。

但很快，僵尸粉策略就显示出了它与生俱来的弊端：假。 当人们发现被宣扬的"最美校花"其实并没有那么美、"最惊奇的绝技"其实并没有那么惊奇、被疯转的段子其实都是被重新翻出来的陈年旧货时，他们立刻就产生了被愚弄的愤怒。连带着，大家对僵尸们的主人也留下了很差的第一印象，并且还会愤怒地留言道："没本事就别炒！"

短期使用僵尸粉大多不能达到良好的效果，长期使用僵尸粉更是灾难。一个账号主人孤零零地发布信息，转发的只有僵尸，点赞的只有僵尸，评论的还是僵尸，你能相信这个人有什么真才实学吗？即使有，人们也会被他的虚荣吓跑。毕竟，我们国家推崇"酒香不怕巷子深""是金子总会发光",人们喜欢自己找巷子、挖金子,不想接受僵尸带来的礼物。

过多僵尸粉容易导致你产生信任危机,直接危及你的形象,让你的流量货币迅速"通胀"。人们首先感到观感上的不适,好好的页面被一堆僵尸"走来走去",看着心烦;然后质疑你的人品:虚荣心也太强了吧?买这么多僵尸号花了多少钱啊?再然后是怀疑你的能力:有能力的人用得着买僵尸粉吗?最后是觉得你的一举一动都透着一股僵尸味,毫无创意,对你取消关注了事。虚假繁荣的结局往往是一无所有。

社交网络上有许多令人生厌的行为,使用僵尸粉是最严重的一种。你有缺点,人们可以理解,因为人无完人,更加关注你的优点;你闹了丑闻,人们乐意看个热闹,好心的还会安慰你一番;你疯狂地刷屏、不停地自拍,至少也付出了个人的劳动……但僵尸粉算什么?它们只负责把别人厌恶的虚假行为重复了N次,自然得不到人们的认可。

人们追求活生生的真实,而不是"死尸"。**如果你为了一时的虚荣而用僵尸粉来制造虚假繁荣,就要做好日后无人理会、无人理解、无人同情的准备。**

当然,也不排除你是一个能做到天衣无缝、不为人知的天才,只等待一个疯传的机会就能让世人认识到你的可贵之处——如果真是这样,不妨大胆地使用一次僵尸粉。只要你名副其实,它们很快就会被真正的粉丝冲得无影无踪。除此之外,绝大多数时候,僵尸粉毫无必要。

多研究问题，少宣扬套路

大V们经常感叹："现在的广告越来越不好做了！"可不是吗，看看那些曾经有百万粉丝的某博娱乐号；有人靠透露娱乐圈内幕增加知名度；有人靠去国外网站收集各种图片成了新资讯首发地；有人靠画画、写段子收获粉丝，再靠名气帮商家打广告得到广告费，或者干脆自己开一家小店，等等。在自媒体的起步期，他们成了第一批受益者，至今拥有大量流量货币。

网络没有门槛，自媒体同样不设限，粉丝口味变得很快，段子手越来越多，花样也越来越多。如今，昔日曾风光无限的大V们有的已被冷落、被遗忘，当他们必须绞尽脑汁地将广告塞进段子后，结果也不过是被人说一句"营销狗"，越来越多的人拒绝为他们点赞和转发，令他们的流量货币正在不断"贬值"。面对这种情形，他们该怎么办呢？想要改变这种状况，只能提高技术含量，多一点真诚，少一点套路。

创意依然是第一要素。2019年，数码创意类内容创作者"老师好我叫何同学"发布了一则名为《5G到底有多快》的视频，详细展示了5G在日常使用中的真实体验。这则视频在发布后的短短3天内，就收获了超过百万的粉丝，并被新华社、《人民日报》双双转载。

作为一名大学生，能够与雷军，微软副总裁，甚至苹果CEO库克对话，有网友调侃他是"5G时代的最大受益者"。而他的成功并非偶然，正是因为每条视频都有着超乎常人的创意，搭配有深度的内容和行云流水般的剪辑技术，才构成他极具个人特色的视频风格——别具一格的人，永远不会缺少流量货币。

真诚是一个重要因素。也许你没有那么多灵光的想法，但至少你要有知识含量和技术含量，或者审美含量。比如，有人做化妆品广告，写了一篇关于《红楼梦》的文章，详细分析凤姐的性格为人，文章写得很好，即使加了个广告的尾巴，也能让人莞尔一笑。粉丝们并不介意广告，前提是你要真诚，否则你的套路再深，别人也不会把你当真。

套路有哪些呢？一堆老生常谈的鸡汤名言，然后加一个广告；一堆早已过时的娱乐新闻，然后加一个广告；一堆似假非假的八卦秘闻，然后加一个广告；一个不知道有没有结果的抽奖，然后加一个广告……如果你只知道玩弄套路，套路就会把你的形象套牢，结果是你再也不会给人新鲜感。如果是这样，还不如真诚一点，老老实实地加点实料呢。

套路是死的，人是活的，活人如果被死套路憋死，怪不得别人。研究套路不如研究问题，套路给出的是热闹，问题给出的必须是答案。你不必当个专家摆着高深面孔，只要你有科普的能力，只要你有基本的语言组织能力，只要你关心时代的发展，只要你愿意多查点资料，就可以在网络上成为一个有智慧的人，并在"问题"这个硬货币下保持你的社交资产，期待飞跃。

那么，我们应该研究什么问题呢？

第一,常识。

有常识的人才可能有见识。在低头看手机的时代,人们期望能在手机上得到娱乐、放松,还有知识道理,他们想要看看世界上最新的科技成果,宇宙探索达到了什么水平,AlphaGo的原理究竟是什么,爱因斯坦预测的引力波是什么,高铁提速的基础是什么,空调是谁发明的……换句话说,当人们都关心热点时,你要扩充这个热点,普及相关知识,借着热度显示你的博学;当热点过去后,人们依然期望你能带来更多的知识。当你能做到这些时,你就不会有流量货币"通胀"的顾虑。

第二,文化。

文化难免高深,让人望而却步,但谁不想当个文化人,在言谈之间带着古往今来的风韵?所以,人们也想知道民国最走红的京剧名角是谁,历史上最有名的30句情诗是什么,国学到底有哪些内容,鲁迅先生写的最深刻的文字是哪些,唐诗和宋词各有哪些特点,鸟巢的设计到底使用了哪些古典因素……用轻松的语言和人谈谈文化,深入浅出,恰好迎合了人们对"深度"的追求。当你能做到这些时,你就不会有流量货币"通胀"的顾虑。

第三,历史。

历史是个取之不尽的宝库,擅长说历史的人从来不会没有观众,一代代说书先生谈着历史大事和传奇人物,他们什么时候没有人捧场了？现在，他们还在电视上说三国说隋唐说大清，在网络上写秦朝写汉朝写明朝。只要你下一点功夫，多翻几本史书，多拓展一下视野，无论是说正史也好，还是说野史也好，或是总结"历史上最美丽的十位妃子"的八卦也好，只要别太浮夸油滑，你就绝不会缺少关注者，就绝不会有流量货币"通胀"顾虑。

第四，情感。

情感问题，其实就是上一章详细说过的"情感分享"。当然，这里强调的不是分享，而是分析；不是要网友出谋划策，而是要以"过来人"的身份切中要点、指点迷津。套话人人会说，但说得恳切又好听，却也不容易。人人都可能有情感问题，只要你有犀利的眼光，任你当头棒喝也好，温言细语也好，总会有人想来学几招。巨大的情感需要保证了你的话题度，因此你就不会有流量货币"通胀"的顾虑。

第五，娱乐。

娱乐至上的时代，人们都在关注娱乐现象，但追捧并跟随着说闲话的人多，从中总结出真知灼见的人少。无数人曾关注过明星的婚礼，兴致勃勃地跟风讨论过他们的结婚目的、理论真相，但又有几个人从中透视出娱乐圈婚姻的种种形态？分析人们的娱乐心态，洞悉娱乐背后的大众心理，分享娱乐潮流代表的国际意识，人们也想在娱乐的时候，提升一下自己的内涵。若你能做到这一点，那么有内涵的你，当然不会有流量货币"通胀"的顾虑。

你可以专注地研究一个问题,当一个话题达人,把话题代入深刻、经典、高度等type,让传播者产生"跟这个人对话我也变高级了"的感觉;也可以研究各种问题,尽情展示你的博学,并增大粉丝的基数。**套路是有限的,问题是无穷的,学会分析问题、拓展问题、利用问题,让跟着问题看热闹的人们看到你——**掌握这项绝技,你就绝不会有流量货币"通胀"的顾虑。

新瓶会装旧酒,更要会添新酒

在过去很长一段时间里,"某大学辩论邀请赛""第N届大专辩论赛"等辩论活动曾开展得如火如荼。每逢赛事开展的时候,就会有很多人守在电视机前、电脑前,看着正反双方的辩手陈词激辩,欣赏着他们的舌灿莲花、儒雅风度、渊博学识。不知不觉间,这些辩论赛正在不断降温,人们也许已厌倦了"请问正方辩友"和"不知反方辩友作何解释";也许网络上太多的节目充斥了人们的视线,这样的传统节目正在过时,正一步步走向被人遗忘的角落。

难道一切传统都注定要被现代化的宣传手段挤压,直到最后没有了立足之地吗?当然不是。看看火爆一时的"奇葩说"吧,看过后你就会知道,辩论远远没有过时,口齿伶俐依然让人欣赏,思维敏捷依然值得称道,激情辩论的刺激并不亚于一场万人瞩目的足球比赛,选手们的个人魅力亦堪比明星偶像——这一切，都取决于这档新型辩论赛的成功包装。

如果《奇葩说》这档节目的选手们还是按照从前的辩论赛规格，依照组织组队，在赛场上相遇，正方反方套路陈词，评委决定胜负兼给予数句点评，大家一边感慨地鼓掌一边互相点头致意愉快收场，那么它就只是一档普普通通的辩论节目而已，选手囿于发言时间而不能尽情展示个性，导师囿于身份职责而不能释放自己的风采……如果真是这样，"奇葩说"还会有多少看点呢？

高明的制片方打出了"奇葩"这一"天怒人怨"、夺人眼球的概念，大力宣扬"不是奇葩我们不要"，男老师们甚至干脆在选择选手时穿上了裙子，身体力行地告诉观众"我们就是这么奇葩"。这时，风暴一样的宣传效果便产生了，人们都很好奇这档节目究竟要干什么，这些奇葩中选出来的奇葩究竟会有多奇葩！

要的就是观众的好奇！当好奇心被调动起来了，节目的质量就成了续航的关键。让观众欣慰的是，一众奇葩保质保量，争相怒放。马小姐、范小姐、肖先生、颜小姐，针对热点问题自选观点，唇枪舌剑，针锋相对，看得观众大叫过瘾。

辩论还是那个辩论，却一改沉闷的形式，变得火热流行。很快，"辩圈"形成了，各种辩论赛纷纷展开，人们对辩论赛又产生了浓厚的兴趣。

注意！这表面上看是换了一个新瓶子，其实又不仅仅是新瓶装旧酒，因为酒里也加进了新配方。就拿"奇葩说"来说，在这个赛场上，你看不到过去的传统辩题，而是火辣辣的新配方："女人应该靠男人还是靠事业""相亲要不要 AA 制""到 30 岁是做稳定的工作还是追求梦想""举报作弊我错了吗""没有爱了要不要离婚"……全都是当代人需要面对的各种纠结，尖锐直接，不藏不掖，让人不但能跟着看热闹，还能跟着思考。如果条件允许，恐怕自己也要上去说上几句——这就是对参与感的重视，观众即使不在现场，也在思想上参与了这场辩论。

有新想法，就算过时的东西也能重新流行；没有求新意识，就算有价值的东西也会被掩盖。这样的事实是不是也让人有点无奈？远程教育遇到的情况就是如此。

教育是一个长盛不衰的话题，如何提高知识水平则是一个很多人在探索的热点。在图书出版市场，很多曾火爆一时的话题都陷入了低迷，直至无人追捧。然而，教辅图书却一直维持着它的高价格、高销量。这正是"教育"这个话题一直火热的反映。可是，网络教育在应用了互联网技术后，却始终没能占有它应有的份额，为什么呢？其实并不是大家不爱学习，而是教育机构的宣传策略太过传统。

广告当然有，五花八门，让人心动手动，点进收藏夹。可是，每一份宣传都说得天花乱坠，于是，太多的选择让人们没有了选择；于是，学习的念头不了了之，或者干脆被别的机构吸引。

内容当然有，但形式脱离不了录像和讲授，既不在多媒体教学上下大功夫，增加参与者的知识体验；又没有特别方便的交流区，真正实现名师辅导和高级交流，所以，网上的教育课预约的不少，真正去上课的人不多，真正听得完的人更少。

名师当然有，但名师本人还没有转变观念，还没有互联网思维，不了解当代年轻人的特点，于是年轻人嫌名师照本宣科，名师嫌年轻人心态浮躁，结果双方产生了对立情绪，互相应付敷衍，教育也就成了纯粹的交易行为，令双方都很失望。

其实，教育也可以很娱乐、很年轻、很个性、很花式。也有一些火爆的节目吸引了观众，它们也极有教育意义。例如汉字大赛，让人们注重书写；例如成语大赛，让人们注意到了汉语的博大精深；例如一站到底，让人们得到了更多的知识。这都是教育，鼓励竞争，鼓励交流，鼓励创新，鼓励大范围参与；这才是网络教育应该遵循的思路和规则。

即使有了新瓶子也不要扬扬得意，因为跟风者马上就到，后浪将会一浪高过一浪。你以为自己能一直保有江湖地位？天真。山外有山，天外有天，人外有人，你能做的就是尽量走快一点，在新瓶子变旧之前加进新的尝试、新的刺激，不断制作出独属于自己的新配方。

精选拍档，强强联手才有更大突破

一个宣传方法总是行不通，一个话题总是不火热，一个模式总是不能引起大众的关注；或者因为时间太久，原本受欢迎的方法、话题与模式如今都变成了鸡肋，再也不能维持热度了。这些情况也会让你的流量货币进入到"通货膨胀"状态。

也有这样一种情况：你想要推广流量货币，却挤不进市场，找不到信息接收者。这也是市场饱和带来的流量货币"通胀"。这时，你也许该考虑找个搭档一起打破困局，靠强强联手来实现困境突破。

在一个讲究双赢甚至多赢的时代，只要你有诚意，不难找到合作者。关键是，该找什么样的合作者？不如让我们来探秘一下《我是大侦探》背后的"坚定金主"OPPO手机。

《我是大侦探》作为我国首档现场还原式推理节目，节目的模式是每一集都有剧情设定，有错综复杂的"案件"发生，嘉宾们要在剧情框架内完成各自的角色扮演，并根据各种线索解开层层悬念。在第一季崭露头角的时候还是一档相当小众的综艺，受众多为爱好推理的年轻人，节目预算也不多，嘉宾搜证的时候还在用比较老式的拍立得，"OPPO"手机敏锐的嗅到了这档节目的潜力，在第二季强势加盟，"金主"的青睐给了节目组大展拳脚的机会。考究的布景、精美的服化道、严谨真实的机关、丰富的游戏任务，再加上本就紧张刺激的剧情设计和极致夸张逗趣的明星角色扮演，《我是大侦探》第二季网梗频出，一时间引发了全民推理热潮。

嘉宾搜证时使用的"OPPO"手机，也暗戳戳收割了一波粉丝。弹幕的议论声此起彼伏："大侦探刚才拿的手机外壳颜色好好看！""刚才某某拿着OPPO手机自拍啦，手机画质真好，拍出了我姐姐的盛世美颜！"更有粉丝忍不住调侃："我现在看见一个OPPO手机就想拿起来找找证据"。随着节目越来越火，请来的各路飞行嘉宾也越来越多，许多演员、歌手甚至作家都慕名来此节目体验一下情境类益智互动推理，借此，也有更多不同领域的人群不动声色地成了该手机的宣传受众。

《我是大侦探》无疑是一档成功的节目，不但让冠名的视频平台多了一张提高收视率的王牌，参加明星的明星得以展示自己除了专业能力以外的个性和能力，也让赞助商大大地露了一把脸。观众们一路看剧情、看推理、看演绎、看互动，到处都有OPPO的LOGO植入，产生了洗脑式的宣传效果。但凡看了这档节目的人，谁还不知道这款手机？

节目的质量为赞助商带来了好感。这是一种潜移默化的影响力，看似没有因果关系，其实作用力巨大。人们认为一个好的节目的赞助商必然也是好的，它们必然有共同点——追求精品。这看似是观众们一厢情愿的想法，但这的确增加了OPPO手机的市场占有率。不只电子产品热销，"OPPO"这个品牌也获得了进一步的宣传推广。可以说，这是一次成功的商业投资，其效果远远超过了传统广告。

企业也好，机构也好，大型网站也好，想要向更大规模发展，必然需要合作。特别是在跨界发展的时候，合作伙伴的选择尤为重要，考验着决策人的眼光和决策能力。选择实力相当的对象固然理想，但选择有发展潜力的对象更有前途——在纷繁复杂的一众节目中选择契合年轻人需求的侦探类节目，这就是OPPO的好眼光。

合作之前就要考虑效果，追求"一加一大于二"。数量上的

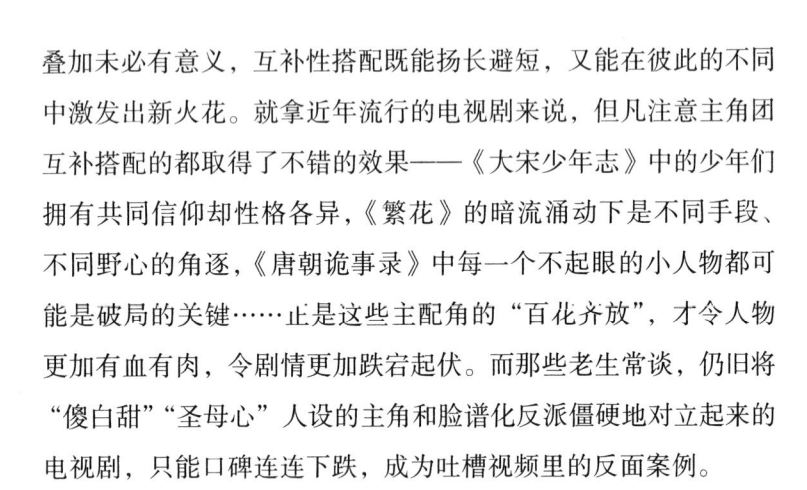

叠加未必有意义，互补性搭配既能扬长避短，又能在彼此的不同中激发出新火花。就拿近年流行的电视剧来说，但凡注意主角团互补搭配的都取得了不错的效果——《大宋少年志》中的少年们拥有共同信仰却性格各异，《繁花》的暗流涌动下是不同手段、不同野心的角逐，《唐朝诡事录》中每一个不起眼的小人物都可能是破局的关键……正是这些主配角的"百花齐放"，才令人物更加有血有肉，令剧情更加跌宕起伏。而那些老生常谈，仍旧将"傻白甜""圣母心"人设的主角和脸谱化反派僵硬地对立起来的电视剧，只能口碑连连下跌，成为吐槽视频里的反面案例。

既然合作，就要追求强强联手。企业如此，个人也一样。寻找搭档的原因很简单：自身发展有局限，寻找优势互补。这就需要仔细分析自己的社交价值有何优势以及劣势。劣势部分倘若不能通过自身努力加以弥补，就需要寻找旗鼓相当的合作伙伴。一位画功厉害的画师想要搭乘"流行条漫"的顺风车，自己却想不出好故事，这时一个出色的脚本作家就是他的最佳选择；同样，一个文字作家想让自己的作品给别人留下更直观的印象，大多会考虑找一位画面有震撼力的插画家，用图片去率先吸引住读者的眼球。

有时候，搭档不只是为了互补，还是一种资源整合，合并双方的平台，吸纳对方的粉丝，并通过双重影响力，去产生更多更大的传播效果，得到更庞大的粉丝量。所以，每一位名人都会有几个"死党""闺密""CP"，偶尔互动一下，制造一些话题，就会产生出其不意的爆炸性传播效果。这时，大家都可以趁机制造持续性的话题，让自己的形象又增加一重色彩。

在互联网上，如今更是合作无处不在，不会合作的人反而很容易被淘汰。合作需要诚意，也需要一定的策略，**同类合作增大影响，互补合作扩大优势，逆向合作制造话题，长期合作稳固价值，偶尔还要联手炒作，和睦与不和都是炒作的话题，能引起局部爆炸，增加关注度。**

需要注意的是，无论哪一种合作，都不要丢掉自己的独特价值，否则，你的形象就会被合并甚至被吞没，你的流量货币也将成为别人的附加资产。

制造强劲卖点，突破"通胀"瓶颈

在通货膨胀中寻找商机是一件需要创造力的事。唯品会的成功，为电商们提供了新的商业途径，这与它对自身的准确定位密不可分。唯品会的定位是什么？一家专门做特卖的网站。这就让它和其他电商有了本质区别，同时具备了鲜明的个人风格。

在各大电商的平台上，各种打折低价优惠的措施层出不穷，唯一的目的就是促进消费。"尾品销售"是其中的一个环节，特别是厂商需要清理库存的时候，折扣就会非常低，也是许多用户买进的好时机。不过，折价品并不是大电商们的战略重点，它们提供的尾货不论型号还有款式，都会受到数量的限制，更不能形成规模。

唯品会看到的就是这个市场空间。厂商常有大批量库存需要清理，如果把各大品牌的尾货库存集合起来，专门搞特卖，必然会吸引一大批客户。而厂商因为急需清理库存，也愿意合作。于是，一家专门卖尾货的网站便诞生了。

尾货有什么特点？最大的特点是价格低，只要平常的1/2或1/3甚至更低的价格，就能买到品质一样的货物。而且，唯品会选择大品牌或有质量保证的小品牌合作，更让人们享受到了占尽便宜的快感。唯品会打出的"百分百"正品的承诺，则消减了人们"便宜没好货"的顾虑。至于款式旧、样式老这些缺点，在极具诱惑力的低价面前，全都可以忽略。

厂商看到了唯品会庞大的客流量和交易量，想要清仓，一天甚至半天之内，仓库里积压的货品就会被唯品会会员们抢光！这极大地节约了厂商的时间和成本。越来越多的厂商选择与唯品会合作，合作增多又为网站带来了更多的商机，唯品会每天都会更新的尾价商品，保持着关注度，持续扩大自己的影响力。于是，良性循环形成，粉丝只增不少，只要没有更新的方法或更有竞争力的平台出现，唯品会的尾货优势就会一直持续下去。

无独有偶，途牛网也靠"特卖"推动了自身的品牌价值。作为一个挂牌纳斯达克的旅游网站，途牛的业界地位不容动摇，它本身搞的是旅游业务，而并非互联网业务，只是借助互联网这个平台翻身一跃，从而成为业界翘楚。它批量购买旅游套系产品，再包装一番，然后推给客户，以赚取差价。

谁又能想到，如此大牌的旅游网会将特卖作为自己的拳头产品之一？打开途牛网网页，特卖、尾货和秒杀档占据着显著的位置。有些是旅游团临时掉位，有时是网站推出的特价旅程，性价比极高的特卖带来了快速清仓的销售效果——和唯品会的方式是一个道理。

流量货币通货膨胀，实质是个人形象遭遇了瓶颈。形象与流量货币息息相关，形象无法拓展，流量货币便无法增值。当品牌无法进一步推广，当用户已经饱和无法吸引"新鲜血液"，当宣传路子太窄无法拓宽时，"通胀"危机就会产生。此时，最有效的办法就是制造一个卖点或热点，以吸引更广泛的关注，让个人或品牌形象趁机提升一个台阶。

我们最熟悉的形象瓶颈莫过于"转型"，偶像派歌手想要向成熟转型，或者向影视界、时尚界进军，其根本原因都是他们意识到自己的黄金期即将过去，形象分很快就要大跌，必须尽快跳上新的平台、建立新的形象。有些人转型成功，比如，从优质少女偶像转向歌舞天后的某台湾女歌手；同样是以可爱清纯形象出道的另一位女歌手，却在转型时力不从心，渐渐失去了人气，陷入事业的低谷。

众所周知，当流量货币达到价值饱和时，我们需要换一个更大的平台去将它释放。为什么只有少数人能够制造成功的转型、转移、跳跃，让人接受？大多数人的转换尝试为什么失败？恰恰是因为后者不擅长制造卖点，未能在转型初期引起广泛的关注，也未能形成接受的潮流。

那么，为突破流量货币"通胀"瓶颈而制造的卖点需要哪些条件？

1.发挥原有的优势

遭遇流量货币瓶颈的人必然有一个相当规模的社交平台，遭遇品牌瓶颈的产品必然有一群有一定忠诚度的用户，在这里我们统称为"粉丝"。粉丝被某种特质吸引，也因为这种特质的吸引度下滑而选择离开，与其另辟蹊径，不如在原有的基础上翻出新花样，重新吸引粉丝。

仍然以途牛网为例。途牛网的优势在于它不是单纯的旅游中介网站，而是拥有产品的定价权，所以它能够自由决定产品的价格和配置，这就是途牛网的优势，也是它与其他中介旅游网站的最大区别。所以，它决定推出特价服务时，就能把价格压到真正的低点，进而造成顾客蜂拥而至的抢购效果。倘若途牛网推出的不是特卖，而是令人望尘莫及的高端旅游，这是所有旅游网站都可以推出的项目，它依然得不到优势，甚至会偏离网站的定位。

2.独特的话题性

卖点就是话题，人们每天都会面对很多话题，却未必会留意你制造的那个。所以，想要打一个翻身仗，就必须制造出足够轰动的话题。商家喜欢用"跳楼价""一折"等来吸引消费者，就是这个道理。可如今跳楼和一折都不稀罕，想要制造话题，就要尽量开动脑筋。

天猫曾经推出过一个奇怪的广告，它使用广泛的传播媒介打出了"苹果"这一话题，神神秘秘，并给出了具体的开售日期。人们以为苹果手机即将发售新品，但苹果官网上并没有相关消息。那么，这一神秘的"苹果"究竟是什么？越来越多人对此感到好奇。谜底揭开，原来是来自新西兰的优质苹果，"苹果新品种震撼发布"——原来是在卖直供水果。因为水果看上去不错，广告做得也很有诚意，这种行为并没有引起反感，反而有不少人在当天下单，想要试试价格并不低的新苹果。这样的话题足够独特，足够吸引人。

3. 利用赠送等手段，进行"病毒性"营销

转型不是一句话的事，它需要扭转人们长久以来的观念，让人们被迫接受一种新形象。转型不成功，就是人们接受失败。所以，要尽可能地降低人们的接受障碍，实现顺利过渡。这个时候，免费体验又一次成为"拉拢人心"的有效方法。

我们很多人都曾遇到过类似的事：买一袋洗衣粉时突然被赠送了一块免费的小透明皂，这是该公司开发了皂类产品，通过这种形式打广告；一份10元钱的杂志某一期突然买一赠一，多了一本新杂志，这是该杂志社的新刊，希望得到老读者的重视。给人实惠，进而提高顾客的接受度，如果资金更充足，更可以通过免费派送来进行病毒式营销，让新产品人尽皆知，带动第一波关注热潮。在这个过程中，不能过于压缩成本，否则无法展开大规模的宣传。当然，最好的办法还是制造一个独特的热点，争取免费传播。

4.尽量不要使用负面营销

负面营销的功效人尽皆知。人们对丑闻和事故的关注率高于对正常消息的关注率，负面新闻很容易成为热点。辟谣及时，公关恰到好处，往往能够巩固自身的新形象，圈大量路人成为自己的新粉丝，听上去，负面营销真是个低成本、高效率的办法。

但是，你听说过几个负面营销成功的例子？如今的网民越来越精明，看惯了炒作和反转，看到负面消息，他们并不会忙着转发，而是怀疑这又是一轮炒作。这种状况一旦形成，辟谣和公关只能加深网民们的鄙视，进而质疑炒作者的品质。新形象、新产品也跟着一落千丈，简直得不偿失。负面营销曾取得过不错的业绩，但在当今的互联网环境下，一定要慎重使用。

勇敢出圈，跨界施展你的魅力

如果你手中的流量货币正在贬值，那么它很可能不再是你的资本，甚至很快会变成负担。这个时候不妨大胆一点，再开辟出一个新的流通渠道，让流量货币重新流通。这就是人们常说的"换个赛道或许就起飞了"。

董宇辉，一个在直播电商领域迅速崛起的名字，他的成长和转变之路充满了传奇色彩。他本出生于陕西渭南市潼关县的一个农村家庭，通过不懈努力，他考入了西安外国语大学，攻读旅游英语专业，并在大学期间通过勤工俭学来支持自己的学业和生活费。

毕业后，董宇辉加入了新东方教育科技集团，成为了一名英语老师。他以其独特的教学风格和扎实的知识基础，迅速在教育界崭露头角。然而，2021年教育行业经历了重大调整，新东方的转型迫在眉睫，董宇辉本人也面临着职业生涯的重大转折。经过严峻的布局，新东方当家人俞敏洪宣布决定公司大胆尝试跨界，进入直播电商领域，员工们听后大吃一惊，英语教师和电商直播完全是两个迥然不同的赛道，这种跨界尝试未免也太大胆了！一个陌生且有可能费力不讨好的农产品电商直播的战场，让许多人望而止步，不愿意挑战的员工纷纷离职，只留下小部分教师毅然接受转型。

董宇辉也是这些开拓者中的一员，他花费了大量的时间和精力来钻研这一全新的领域，成功从一名教师转型为直播带货主播。他以双语直播带货的独特风格，迅速在直播电商领域脱颖而出，成为了东方甄选直播间的流量担当。当别的直播间在声嘶力竭的劝说粉丝疯狂下单的时候，董宇辉说："量力而为，理智消费。"当别的主播打着"为家人谋福利"的幌子压低进货价的时候，董宇辉说："谷贱伤农。"当其他选品都放弃利润微薄的图书产品时，董宇辉说："我们的直播间永远有书籍的一席之地，因为传递思想和分享实惠的产品一样重要。"粉丝们纷纷夸赞："以前对直播间的印象就是粗俗、嘈杂、充满价格比拼的燥热，但是在新东方的直播间我看到的是人间烟火、诗与远方。文案优美温馨，英语发音标准，带货的同时还能传递知识，董宇辉真是直播界的一股清流！"

这一次，原本走入困境的董宇辉和新东方靠着互联网打了一个漂亮的翻身仗。

网络时代，每个人都在经营自己的形象，上自名人明星，下至普通网民。不过，从教书育人的老师变成直播间的顶级网红，这可不是一个小跨度，如果做得不够好，人们立刻就会说："讲成这样也敢出来误人子弟！"

董宇辉却成功地跨过了两个世界的鸿沟，搭建了一座"个性"的桥梁，让旁观者充分领略了他的个性魅力。个性魅力和传播知识矛盾吗？不矛盾。个性魅力和带货矛盾吗？不矛盾。董宇辉看到了两个赛道之间的平衡点和共同点，抓住了机会，一切困难迎刃而解。新东方的灵活也为全公司带来了事业的新局面。

第六章

流量货币的"债务危机"
吸粉千日，掉粉一朝

制造爆点、热点或特点，给形象加一个与众不同的标签，让人们对你产生瞬时的审美印象，在无形中加分吸粉，这是流量货币积累和营销中的惯用手段。只要定位准确，就能吸引大量的特定关注，还能在不断地宣传中让路人也记住这一概念，实现形象与概念的捆绑，从此，人们只要想到某个概念，就会想到这个形象。

但是，过分依赖概念和人设，过分宣传一种特质，并不是一种安全行为。一旦这种"特制流量货币"的持有者的形象出现了瑕疵，他手中那些与众不同的流量货币便立刻会成为空气，一夜之间挥发殆尽。有多少明星、网红、达人一朝"塌房"，就迅速经历流量的反噬，曾经的光环与拥戴都反过来成了"债务危机"，拉着他坠入不见底的深渊。

那么，如何避免形象单一引起的负债危机呢？打造好自己的核心价值才是王道，不能过分依赖粉丝。所谓核心价值并不是指贴上多么火热的标签，而是要少立虚空人设，多丰富内在自我，这样才能帮助自己持续不断地积累正资产。

正值与负值：从两条"大鱼"说起

流量货币是一种无形资产，它可能遭遇"通货膨胀"，也可能引发"债务危机"。当持有者过分透支它的价值，就会引发他人的怀疑、动摇他人的信心，甚至造成流量货币的迅速流失。这种流失体现在持有者仍旧拥有流量货币，但它们已经由正值变为负值。说得更通俗一点：你可能依然有100万粉丝，过去，他们夸赞你，现在，他们都在痛骂你，你拿的哪里还是有升值空间的流量货币，简直就是烫手山芋啊！

流量货币并不是货币，没有具体的面额，它是正资产还是负资产，完全看使用者的本领。也可以说，流量货币随着持有者的形象确定价值。持有者的形象恒定，流量货币温和无害；持有者的形象饱满有趣，流量货币价值飞升；持有者做了负面的事导致形象下跌，流量货币立刻成为有害资产，甚至会影响到无害的流量货币。

让我们从两条"大鱼"说说流量货币价值的变化。

第一条"大鱼"昵称"锦鲤"，色彩斑斓，它的功效（据说）是给人带来好运，使用方法极其简单——转发。"转发这条锦鲤，这个月的心愿就可以实现。""转发这条锦鲤，可以带来财运。""最灵验的锦鲤，必转！"……想必你也转发过类似的"鲤鱼"，至于它究竟有没有带来过好运，没有人计较过，人们想要的只是一个心理上的好彩头。

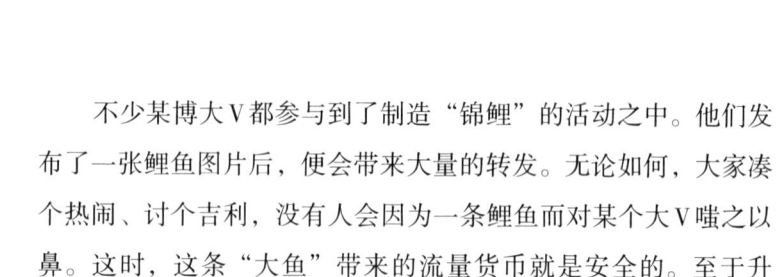

不少某博大 V 都参与到了制造"锦鲤"的活动之中。他们发布了一张鲤鱼图片后,便会带来大量的转发。无论如何,大家凑个热闹、讨个吉利,没有人会因为一条鲤鱼而对某个大 V 嗤之以鼻。这时,这条"大鱼"带来的流量货币就是安全的。至于升值,则要看发布者是否提供了让人感兴趣的话题。

当然,只靠一条"鱼"是不够的。而且,如果某个人玩"鱼"玩得上瘾,动不动就发一条"鲤鱼"来呼吁大家转发,那他很快就会变成过街老鼠,招致众人的厌烦。这时,这条"大鱼"就变成了负资产。这时,可能就会有资深粉丝不满:"以前看他还挺有意思的,现在竟然连着三天都在发什么锦鲤,真是江郎才尽了,我要取关!"如果还要继续转"鲤鱼",你就等着"粉转黑""赞转骂"吧!

可见,欲积累流量货币,就要洞悉人们的心理。大众爱凑热闹?好,我们提供热闹。爱赶时髦?好,我们奉送时髦话题。爱实惠?好,我们提供一些小礼物……但是,万万不可忽略了大众的承受底线。这是经常会出现的大众心理:热闹过头?吵。时髦过头?装。实惠过头?骗人的吧?通常,**大众的心理底线,就是流量货币正负价值的分界线**。

现在我们用另一条"大鱼"继续说明这个道理。这条"大鱼"的状况可不乐观。

国产动画电影《大鱼海棠》作为一部酝酿制作了 12 年的国产动画,本身具有十足的流量货币升值空间。在 2016 年可谓是贴足了最有利的标签:国产、中国风、传统情怀、12 年梦想。

匠心制造，配合上中国元素满满的海报，画面精良的宣传片，极具美感、震撼心灵的配乐，可以说充分调动了人们的期待，多少人都在电影院前翘首以盼。那从海中飞向天空的大鱼，激起了人们心理上的涟漪，12年情怀的感召，让《大鱼海棠》主创团队对冲击票房冠军自信满满。

《大鱼海棠》是不是如大家所期待的那样票房一路飘红、口碑一路走高呢？恰恰相反。这条"大鱼"一举成了"2016年最具争议的动画电影"之一。不少人来不及走出电影院就开始愤怒地发朋友圈吐槽，甚至有人直言不讳地呼吁"抵制"，上映期间甚至有一波又一波人自发拿出奖品来设立某博抽奖，只要"你不去看大鱼，不关注也可以参与抽奖"！网上对电影的吐槽更是突破天际的"糟"，将那些客观的议论都全淹没了。

其实，国人对国产动画的宽容度一直不低，都知道国产动画起步低，还在摸索期，愿意投资的人少之又少，大大限制了动画质量。所以，人们愿意谅解其美中不足，也不会把现在的国产动画拿去和产业成熟的美国以及日本的动画去进行苛刻的比较。那么，为什么《大鱼海棠》会如此犯众怒呢？因为它"踩破"了无数人的心理底线，之前辛苦积累的流量货币一夜之间从正资产滑向了负资产。

当《大鱼海棠》还是闪客时代的一个Flash时，它的画面创意曾让人惊艳不已，关注度直线上升。那个时候，主创团队无疑拥有了大量正值的流量货币。他们的故事也同样令人激动：名校才子为了梦想开创公司，要做最好的中国动画。正值流量货币不

但带来了大量的话题分享，还能吸引更多的粉丝加入，正值绝大多数时候意味着肯定会升值。

中国的动画市场不成熟，技术有限，新动画的创作者大多比较年轻，更没有公司愿意冒险投资。种种现实，造成了《大鱼海棠》的创作一再陷入困境，甚至举步维艰。尽管主创团队成立了公司，却不得不在生存压力下接了一些游戏制作和广告制作，也曾为了继续创作而发起过众筹，希望能拿到进一步的资金。至此，网络上仍是支持者众多，粉丝们都积极地参与到众筹之中，有人甚至拿出整月的工资。此时，"大鱼"的流量货币仍然是正值。

三年五年，粉丝们愿意等待，七年八年，粉丝们仍不放弃。但事情拖得太久之后，不但创作者会疲倦，关注者也早已被别的事吸引走了。更不幸的是，主创团队临摹古画导致了"抄袭风波"；还有人指着主创团队的旅游照片，指责主创团队挥霍众筹资金。其实这完全是个可以解释的误会，可是年轻的主创团队显然没有公关经验，不但没有心平气和地为粉丝解释，还意气用事地与粉丝争执起来。于是，小事竟一路演变成了大事，明明有理的事却因态度不好而变成没理的事。此时，《大鱼海棠》的形象开始在不断的非议中缓慢下滑。

不过，此时情怀还在，梦想还在，人们对这部动画依然怀有期待。可误会又来了，主创团队发了一条感叹式的某博，被粉丝误会成是一条定档消息，以为电影马上要上映了。一番热传后，主创们却说这并不是一条上映消息，动画还在制作之中。这下马上惹恼了热情的网友们，网友们认为这是在虚假宣传，蓄意欺骗。对此，主创团队费尽口舌也无法解释清楚。

同时，长久以来的情怀导致了人们的疲倦，何况时间过得太久，"情怀"本身也变成了贬义词，新的关注者对"卖情怀"这件事报以嘲笑态度，此时继续宣扬情怀，非但不能带来流量货币，反而让流量货币贬值。

有人总结，《大鱼海棠》公关失败，错误营销，激起了网民们的心理抵触。在它播出之前，就已经有网民们发出了"绝对不看"的宣言——除了涉嫌抄袭或画面太过垃圾的作品，有哪部动画有过这样的负面效应？很少。

至于电影上映后评价的两极分化、网上的过度指责，不过是这种负面效应的进一步加剧，代表着这部动画历年积累的流量货币到后来已经彻底变成了负资产。

当然，负资产也是资产，仍然代表了话题和关注度，但对形象的伤害却是巨大的，它抵消了原本的正资产，让人气收益和评论收益，还有票房收益均大幅度下降。

流量货币和人的心理喜好息息相关，能够把握他人喜好的人，很容易积累自己的关注度；一旦超出了人们的心理承受范围，就会透支社交形象，引发债务危机。此时，资产会变为负值，流量货币会成为烫手山芋——不能扔掉，却又不知道怎么去冷却。这也是《大鱼海棠》后来遭遇的处境。据说这部动画还会推出第二部，在那之前，主创团队真应该尽量消除第一部造成的负面影响，重新积累这部电影的正资本。

负面传播：短期增值，长期贬值

很多时候，"负形象"也能带来粉丝。这是有事实依据的。通常，坏消息总是比好消息引来更多的关注。人们常常无视好消息和平常消息，对负面消息却格外重视，或者用来警醒自己，或者跟着看热闹。所谓"好事不出门，坏事传千里"，负形象总能吸引大众的眼球，在网络上也一样。

以"负形象"吸引粉丝这一现象，最典型的代表之一是以S曲线身材和高调自恋闻名的芙蓉姐姐。想当年，芙蓉姐姐以清华BBS为据点，上传了一系列S照片，然后迅速传遍大江南北，令她红得一塌糊涂，就连德国电视台也在新闻中报道说："近日有一中国女子靠着拍照片就红遍了中国网络……"

当时并没有多少人意识到，负形象带来的话题也是分量不轻的流量货币。芙蓉姐姐却懂得利用这些无形货币，她不断地抛出雷人的照片和雷人的言论，让自己的一举一动都有了媲美明星的传播效果，并开始利用自己的人气去走T台，出歌曲，演电影，开公司。再后来，她瘦身成功，一举告别昨日形象，成了很多人心目中的"励志女神"。芙蓉姐姐用她的亲身示范，告诉世人应该如何从负面宣传到正面逆袭。

芙蓉姐姐的成名之路，你想效仿吗？也许你想，也许你不想，但效仿者着实不少。**想当年，无数石榴哥哥、桃花妹妹、榴莲弟弟出现在各大论坛，还有更多出位的男性女性，靠着负面形**

象曾占据过一夜的话题，但此后却再也无人问津。芙蓉姐姐之后，最成功、最走红的当数如今身在美国的凤姐，但她也并未完成完美的转型。看来，负面传播的路径并不好走。

何况，作为成功者的芙蓉姐姐过得也并不是那么如意，负面评价始终伴随着她，她还要不断制造新闻点，才能保证自己的人气。可以说，即使努力转型，成就依然有限。负面传播有时可能会造成一时的疯传，流量货币会以蜂拥的速度瞬间而至，但只要人们的兴趣转移了，传播者就会销声匿迹。你以为流量货币会因此化为乌有？不，它们都变成了负值，从此，人们只会把传播者当成作怪的小丑，甚至期待其时不时闹出一些笑话来供自己围观。

在娱乐圈，靠着负面新闻走红的明星其实很多。想要宣传作品，先来点耍大牌闹绯闻骂记者之类的消息，把观众的眼球吸引过来。然后再澄清再洗白，这个套路早已被广大人民群众摸透，大众的智商也正变得越来越高。现在，明星们再想搞一些"小动作"，"吃瓜群众"往往会甩过去一副冷漠脸，再说这样一句："这是炒作吧？"

可见，负面传播最危险，负面传播若奏效，形象信誉产生污点在所难免；负面传播若无效，"恶意炒作"的帽子就会很难摘掉。在短期内，负面传播可以实现流量货币增值，长期却有贬值的危险。除非你有万全的策略，能保证自己有着强大的实力，能利用舆论优势一举帮助自己红透半边天，并且有源源不断的后续资源可供你使用，否则，还是不要轻易去使用负面传播。

如果你仍然想要兵行险着，欲去体会一把瞬间爆红的快感，那该怎么办呢？切忌过分，不要让你的形象差到没有任何余地。**如果你执意要凭"卖丑"开辟出一片战场，那就要丑出境界、丑出特色、丑出创意。**要知道，负面传播靠的是大胆，而负面传播能转变成正面传播，靠的则是智慧。

怎样处理危机：情怀与工匠的悖论

2012年，罗永浩创办了锤子科技有限公司。在此之前，互联网上就早已有了"罗永浩要做手机"的风声。罗永浩这个人，一向敢想敢说、敢说敢做、一直牛气冲天。他曾是全中国最受欢迎的英语培训教师之一，他曾创立过牛博网，他著书，他演讲，他的精神激励过不少心怀梦想的青少年，他无疑是当年最热门的社会红人之一，拥有着坚实的粉丝基础。

如今，对于他的"转型"，没有多少人看好。"一个完全不懂智能科技的人能做好手机吗？"人称"老罗"的罗永浩偏不信邪，毕竟前面已有根本不懂智能科技却做出了小米的雷军，还有非科班出身的"互联网高手"马云，可见，有想法，有胆识，有行动力，一切皆有可能。

道理没错，人们也对老罗将要推出的手机持观望态度，很多粉丝表示一定要支持老罗。老罗也利用他积累的人气，持续地将这个消息升温。关于公司未来的打算以及市场定位，公司名称

"Smartisian"就是答案。这个词是Smart(智能)和Artisan(工匠)的组合。他说他是"现代智能手机业内的一个工匠",他还提到现在的从业者都以为自己是商人和工程师,只想着赚钱,没有人真正为客户考虑,而他想真正把东西做好。

工匠情怀是老罗做手机的核心概念,他以此区分自己和市面上的众多手机商人。这个词很让人感动,老罗在2013年锤子OS的发布会上,详细地阐述了他的工匠梦想,他的认真做事,他的注重手机每一个细节的努力——他不只是把手机当作一种通信工具,还把它当作一件艺术品。这就是情怀,也是他想给这个功利世界的启示。

但现实是残酷的,"你知道我有多努力吗"这句话本身就不应该说出来,因为不论是粉丝还是"吃瓜群众",对他的手机只有"我知道你很努力,现在让我看看实际成果吧"的想法。于是,锤子手机从屏幕上被请到了市场上,屏幕上那精雕细琢的光滑外表马上就要面临苛刻的眼光和实际体验的冲撞。

老罗的初衷当然是用极具冲击力和实力的"锤子"将现实的偏见和市场的压力砸个粉碎,可惜高科技市场不是一个初来乍到又没有强劲科技实力的人玩得转的。老罗的团队只负责设计和宣传,具体制造阶段的工作全部外包,这就造成了良品率的低下,偏偏这款手机并不便宜,足足要3000元人民币一台,除了铁杆粉丝,谁也不敢轻易拿出钱包去购买这份"情怀"。何况,持续爆出的手机存在问题的反馈,更让人们不断质疑这份"情怀"。

既然把自己定位在"工匠"上,一直不断强调一丝不苟,为什么还会出现这么多问题呢？工匠难道不应该精益求精吗？结果却保证不了基本的质量？没多久，老罗再也不吹嘘自己是个工匠了，他只剩下了"情怀"，锤子手机的试水也惨淡收场。可见，概念一旦脱离实际，甚至不切实际，就会让社交信用值不断下跌。

把概念说得太满，把形象抬得太高，最后引发名实不符的质疑，这也是一种社交形象的透支。锤子手机的失利是一个典型的案例。甚至有人带着善意挖苦说："你不好好教英语，做什么手机呀？"

当流量货币变成社交债务后，带来的麻烦真是挺麻烦的，因为这种麻烦会给你原本完好的社交形象带来挥之不去的阴影，在人们心中种下对你的能力和信用进行怀疑的种子。

可见，社交形象的转变不能操之过急，就像一个偶像歌手不太可能一下子变成实力派演员，这需要粉丝积累、资源积累和实力积累。只有在这三点都达到一定程度时，这种转变才会显得自然。强行扭转众人的印象，灌输高大上的概念，却拿不出真正有分量的东西，这不但会使过去积累的形象不断减分，还会阻碍你未来的发展之路。

最后再来说说老罗。老罗是个聪明人，也是个顽强的人，锤子手机的失败并没有让他气馁。他从这次失败中充分地吸取了教训，然后继续奋斗。他开始打造自己的科技团队，包括前摩托罗拉的工程经理、菲利普产品设计顾问，还有一批一流的软件工程师。新一代的Smartisan T1由前苹果工业设计总监的团队负责设计。而且，老罗还推出了价格低廉、外形青春的坚果手机，希望打入年轻人的市场。这个路线无疑是可行的。

"锤子"变成了"坚果"，从名称上，人们能看出老罗心态的转变。不过，老罗不仅要面对未来的技术难题，还要重新打造他的社交形象，以消除锤子OS那深入人心的负面影响对他的拖累，让人们在他的努力里看到更多的"工匠"，而不是"情怀"。

承认错误，及时改正，寻找新思路，继续努力——这也是应对债务危机的最有效方法。就让我们祝福老罗和他的锤子吧！

危机公关的启示：
"还原真相，提出方案，让网友做决定"

提到危机公关，就不得不提到拥有独特的经营模式和人性化服务的大型商超——胖东来。胖东来总部位于河南许昌，凭借丰富且性价比超高的商品吸引着大量消费者慕名前来，更在社交媒体上形成了口碑传播，为城市带来可观的流量。而胖东来的危机公关更堪称教科书级别的案例。

2023年2月15日，正值春节，网络上爆出一则视频：胖东来的一位厨师正在准备员工餐时，煮面过程中直接用筷子尝了一口。问题就出在厨师尝过之后，继续用这双筷子盛面。这一不卫生行为迅速引发了广泛讨论。次日凌晨，胖东来迅速回应：开除涉事员工。然而此举又引发网友热议，许多人认为胖东来有些小错大惩，不至于开除涉事员工。紧接着，19日凌晨，胖东来再次发布了一份详实的长达十三页的调查报告，并提出两个解决方案，供网友投票选择。这说明什么？说明胖东来对公众声音的重视，不仅回应舆论关切点，还真正听取了大家的意见。经网友投票，最终涉事员工被调整岗位，继续留在公司。真是一场让人拍手叫好的公关处理。

危机公关是指应对紧急事务的机制。当具有突发性、意外性、紧迫性的大事降临时，这个机制必须马上被启动。在社交平台上，大多数危机和人身安全无关，只和社交形象密切相关——公关到位，形象可以继续维持，流量货币持有量不下降或者少量下降；公关不到位，会让本就受损的形象进一步恶化，流量货币大量流失；公关成功，形象由下跌迅速反弹，弹到新的高度，流量货币大幅增值。

危机公关需要公关人员做到三点：对危机走向的预测，对形势的准确把握，对大众情绪的了解。能够预测走向，才能及时止损，或者丢卒保车，避免最坏结果的出现；对形势把握准确，才能应对得体，处理事情时避免各方压力，并得到助力；了解大众情绪，才能引起大众的同情心或支持，从而有助于事情的圆满解决，保护好自身的形象。

每个流量货币持有者都可能遭遇危机，有些人因为自身行为不当导致信任危机；有些人因为旁人牵连而损害了自身形象；有些人过分透支形象，导致人气下滑；当然也有如乐事薯片这样的倒霉蛋，突然卷进了和自身毫无关系的风波之中，还要去承受不应有的非议——无论应该不应该，舆论一旦形成就不易退潮，想要成功公关，应对必须得体。

按照常理，一个人被冤枉的第一反应是叫屈，是申辩自己的清白。在生活的小圈子里，直接叫屈行得通，义正词严地驳斥也会带来满堂喝彩，你周围的同事、朋友会为你打抱不平，甚至代你解释。

但事情如果上升到一个小公司的范围内，单纯地叫屈未必奏效，要知道人心隔肚皮，又涉及说不清、道不明的利益关系，你的叫屈未必有人信，怀疑你的人需要证据，这时，你更应该做的是出示证据再叫屈，或者找头脑清楚又有威信的旁观者来帮你辩白，这才是有效的公关。

如果危机上升到网络层面，没有人知道你的人品，没有人了解你的经历，你单纯地叫屈固然能引起某些人的同情，却会带来更多人的"客观分析"，甚至还有些看热闹的人不停地说风凉话，有些恶意者不断挑拨，让你屈上加屈，却还是无法辩白。这时，公关不但需要证据，还需要更多的技巧和智慧。

首先要认识到，名誉危机固然是危机，却也是一个巨大的机会，它本身就代表了话题、代表了流量货币。如何给这份资产赋予正价值，考验的是当事人的智慧。毫无形象地破口大骂喊冤，恐怕是得了理输了场子，没能借机树立形象，说不定还会让人反感。其实广大群众是有辨别是非的能力的，你需要做的是把事情说清楚，保持风度。若实在觉得是非难以说明，还可以选择发一份律师函。总之，危机当前，应该临危不乱。

临危不乱不代表什么也不做，相反，必须迅速有效地化解危机。保持风度是基本态度，如何解释才是关键。有些人选择风趣的回复，有些人选择详细说明原委并出示证据，还有些人看网上舆论不容易落潮，干脆不声不响，暗地里观察究竟是谁在制造危机，然后一举证明清白。胖东来在每次的公关调查报告开头都会强调："胖东来始终把社会利益，顾客利益放在首位。"危机当前，流量货币丰富，正是进行广告宣传的好机会。胖东来身处舆论的风口浪尖，却坚信网友能够明辨是非。其及时公布的严谨态度，奖惩分明的调查报告，以及对涉事员工公开公正的处理方式，赢得了顾客的信任和广泛赞誉，也让更多人认识到胖东来是一家充满人性化的公司。这不仅提升了胖东来的知名度，更展现了一家企业良好的风范和智慧。

有人的地方就有江湖，有江湖的地方就有危机。如果你已经是一个流量货币大户，有完整的形象和一定程度的话题性，即使步步小心、时时在意，也难免会遇到危机。危机处理是否恰当，决定你能否继续持有高价值流量货币。下面，让我们总结一下危机公关的要点。

一是冷静。突然降临的事故或恶意中伤，以及大规模质疑的到来，挑战着你的忍耐力，舆论的负面情绪可能令人难以招架。越是这个时候越要冷静，不要气急败坏，更不要立刻跳出来解释，这个时候解释往往是苍白的，而且情急之下的解释难免不周全，反而为别人增加了指责你的新话柄。冷静，才能想到得体的应对措施，才能静下心来观察流言的来源，以期将事情向对自己有利的方向推动。

二是提供真相。看热闹的人往往只图一时痛快，热闹过后就会离开，根本不在乎事实究竟如何。但粉丝们需要知道真相，个人形象也不能因危机受损，因此，必须亲自提供全面、翔实又有证据的真相。就算有人不依不饶，也要耐着性子解释，直到舆论平息。提供真相的最好时机是在负面质疑稍稍落潮之时，此时人们的关注力仍在，情绪却已经得到控制，头脑已经冷静，愿意听官方解释。太早公布会带来更多的质疑，太晚公布则没有听众，负面印象已根深蒂固，难以挽回。

三是借机树立形象。危机不但考验能力，还能带来机遇。危机让人的心理承受能力增强、经验增加，可以借机树立坚忍不拔的形象。不破不立，别人的质疑带来的热度，刚好可以宣传自己。宣传内容需要斟酌，此时不断为自己的产品或产出打广告，难免让人怀疑"是不是炒作"，所以，此时更适宜提供一种正面形象，让旁人加深对自己的了解，甚至喜爱。抱怨不如自我解嘲，叫屈不如潇洒以对，你的应对方法决定了你留给他人的印象。

另外，**如果事情过于严重，可以考虑请专门的公关公司协助解决**，这一类公司有专门的舆情监测系统，能够根据舆论情况迅速制定、调整策略，及时止损，并监视对手对象，提供准确决策的数据依据。公关公司有着丰富的危机处理经验，一般都能拿得出一份最佳处理方案。

黏性宣传是给形象的"保险栓"

如果要票选出一种跌得最快、最遭人非议的形象种类，"最"字头的那些肯定名列榜首。一部电影还没有上映，就宣传自己是"中国最好的电影"，它的前程可想而知。观众会把这部电影从头挑剔到尾，列举种种证据证明它不过如此，然后骂出品方不知天高地厚；如果这部电影拍得不好，去看的人更会毫不客气地在某瓣上打出史无前例的低分，并告诉他人："烂片！千万别浪费钱去看！"人们的心理逻辑很清楚：中国电影那么多，你是谁评出来的"最好"？

一位明星竭力打造自己的形象，宣传高调，粉丝高调，最后炒出了一个"最酷"的头衔，俘获了一票女粉丝的心。为了营造"酷"形象，他自然有一些高冷的表现，故意说些叛逆的话，没多久，"耍大牌""没礼貌"等评语就成了他身上撕不掉的标签。每当人们看到他的一些不那么"酷"的照片，就会说："他平时都是装酷吗？"一来二去，名声大跌。他有心转型，却发现当初宣传得太彻底，想塑造另一种形象极其困难。

某公司即将推出一款音乐手机，主打音乐播放功能。在宣传期，到处可以看到该手机的广告，水军到处转发评论，营造出庞大的声势，号称这是现阶段最理想的音乐手机，公司还给出了参数配置，看上去一切都挺好。最后，人们都知道了有这么一款手机，性能堪比随身音响，是爱音乐人士和有品位人士的不二之选。手机推出后，功能尚可，质量不错，但人们却怎么也不能接受心理上的落差——说好的随身音响呢？说好的最理想音乐呢？手机遭遇质疑，品牌也受到影响。这也许不怪手机，普通人未必能分辨不同播放器的细微音质差别，可谁让你当初把自己吹成了最好的呢？

类似于以上例子的事在我们身边经常能见到。人们对那些标着"最"字的产品，总是特别苛刻。"最"字为什么让人反感？它让人产生不切实际的心理期待，每个人心中都有一个"最"的标准，一旦客观产品达不到这么多的主观要求，它必然面临质疑。这种主观质疑公正不公正暂时不论，"最"本身就是主观评价，有几个产品输出者拿得出过硬的数据，来证明自己无论配置、设计、外观、使用体验等方面都做到了最好？

而且，"最"字代表了对同类事物的贬低。中国人一向推崇谦虚的美德，不喜欢攻击他人抬高自己的行为。暗示性的贬低已经如此让人反感，明面上的贬低就更不好。曾经有鼎鼎大名的两大电商以泼妇架势互相骂，不管这是不是事先商量好了的吵架，但都令人反感。这类宣传极易引发形象危机，终究不是长远之计。

那么，什么样的宣传才是安全的？黏性宣传。不要贬低他人，也不要动不动使用"最好"，而是使用"我们一直在争取最好"，给自己留有余地、留出退路。就算要使用"最"字，也要事先做好评估。淘宝说自己是"中国最大的线上购物网站"，没有人会觉得这是吹牛。其他网站想要动用"最"字，必须加上"最大电商""最全书籍""最佳比价"，更保险的方法是使用"海量""优选""尖货"等字眼,既能达到宣传效果,又避免了顾客的落差心理。

商品也好,自媒体也好,都有一个流通中的形象。给形象加一个"保险栓",时刻让自己警醒,才能及时调整方向,即使有信任危机,也不致引发无法偿还的信用债务。这个"保险栓"主要由以下几条原则构成:

1.官方不发布"最"言论

宣传有引导性,有溢美性,有倾向性,这是宣传的目的决定的。应该让关注者留意产品价值,而不是刻意强调此产品比彼产品更好,更不应出现过分自夸的"最字头"。关注品质,把评论权留给消费者,这才是长久之道。

2.提高共感度,增加宣传黏性

有人情味的广告最容易深入人心,打亲情牌、友情牌、爱情牌都是屡试不爽的招数,这种宣传的好处是能够引发信息接收者的共鸣,进而把"感情"和"品牌"在潜意识里联系在一起,增加了宣传的黏性,不易被遗忘。不过,感情牌广告太多,如果别人打"你是我的优乐美",你就打"你是我的×××",难免俗气,容易成为鸡肋。

3.用户立场,增进互动

什么样的品牌最得人心?那些懂得站在消费者立场上思考、

事事为消费者考虑的品牌。在互联网时代，为消费者考虑，不但要在生产时事事设想周全，还要及时倾听反馈、调整方向、修正错误。互动式的沟通可以增进消费者对品牌的信赖度，培养归属感，这也是所有保险措施中最保险的一招。

4. 良好的教养和风度

最高级的宣传不讲产品，讲概念，讲品牌，讲形象。一种形象能够深入人心，它的产品便能轻易地被人接受。所以，任何时候都要重视自己的形象。在品牌拟人化大行其道的今天，代言人也好，代言形象也好，都是与消费者直接交流的"角色"，这个角色不需要十全十美，但一定要有教养和风度，这关系到品牌的价值和生命。

你的流量货币不能无限制地发放

假设你是一位眼科医生，你紧跟时代步伐，加入了网络大军，在网上开设了一个咨询某博。因为实名，同时还亮出了你自己的从医履历，于是很快就有人来找你咨询。这时，你会面临一些心理上的诱惑：能不能让自己更红？想红，就要有热度、有话题，让更多的人知道你、了解你、信任你。如果发展顺利，你的名气将大大增加，成为网上名医，并招徕更多现实中的患者。

想在网上出名，就要有一定的策略。有什么好的策略呢？

策略A：到处解答患者疑问。虽然是眼科医生，但医生学的东西多，平时总是接触医生，也接触各类患者，小病的治疗和大病的指导，都能说出个一二三。所以不但能解答眼科问题，头痛脑热，抽筋扭伤，胃肠不适，手麻脚麻……这些都能说出治疗的有效方法。然后，你悄悄地把自己的简介由"眼科医生"改为"医生"。当然，只说那些看得出来的小病，大病不敢乱说。

点评A：大范围培植粉丝的想法是好的，也的确能得到更多人的关注，但是，一个眼科医生跨界点评，会让人觉得不够规范、不够专业，并产生信任危机。何况，什么都懂的神医和包治百病的药丸一样，都只是心理安慰而已。此策略一时热闹，无法长久。

策略B：做一个眼科科普者。除了解答别人的问题，还会把那些有代表性的问题总结出来供更多人参考；也会把日常工作中的医疗例子与大家分享，并从他人的病情中分析易患眼病的原因、各种眼睛保健常识等，以此提高自己的信用度。

点评B：非常有头脑的策略。不但能够真正给人知识，还体现出高度专业性，而且有总结性质的东西，避免了反复回答，节省了自己和他人的精力。此策略走的是持久道路，能够一直保持流量货币的价值。而且，医生越老越值钱，网上医生也是如此，只要你够专业，年头久了非但不会掉粉，反而粉丝会越聚越多，让你成为越来越著名的眼科医生。

策略C：走一条人性化道路，让大家不但体会一个医生的专业性，还看到一个医生的真实性格。不但能解答粉丝的问题，还能拍拍雪、拍拍月亮、谈谈诗词歌赋人生哲学，甚至卖个萌。做一个个性医生，开辟出自己的网上行医道路，耶！

点评C：想法很好，难度非常高。也可以说定位不准确。绝大多数关注医生某博的人为的是求医问药，本就被病痛煎熬，哪里有心情欣赏医生与众不同的个性？想要欣赏个性，网上自有大把个性达人整天出产作品，医生能吗？倘若他能，那他还有什么时间钻研医术？总体来说，人们认知里的医生是忙碌的，不是悠闲的，你的小动作太多，只会让人质疑你的专业水平。当然，也有极少数有个性魅力又能把握患者心理的人，可以做到靠个性走红，但那种人太稀有了。所以，此策略基本行不通。

策略D：当明星医生，出书开讲座。利用自己的名气出书赚钱，还可以开个网上讲座，也可以在线下搞活动，用打造明星的方法打造自己，建立核心价值，得到更多关注。名利双收，怎么样？

点评D：算得上是一条成功之路，但这不是流量货币扩展，而是转行，是利用网络平台，将自己由一位医生变为保健作家。人们信任医生，却不太信任保健作家，一时的热度过后，有可能带来质疑。在医生和作家之间找好平衡，不是一件容易的事，会极大地考验你的智慧。总的来说，这是一条难度很大的策略。

策略E：卖广告。这恐怕是最快的变现手法，靠着自己得到的名气和粉丝们的信任，推荐一些常用药、保健品、理疗仪，或者推荐某些医院、医师、医书，既方便了粉丝，又顺便让自己赚到广告费。

点评E：非常糟糕的策略，直接让你从医生沦为广告狗，网民对广告狗有天生的不信任和人人喊打的习惯，过多的广告会直接影响医生的名誉。如果某个产品出了问题被反馈到网上，不论这问题究竟出在哪里，你的形象都会一落千丈。基于医生这个行业的特殊性，你很难再一次建立形象。所以，这是一条必须慎重的道路。

以上几种策略和点评说明了同一个道理：**形象合理发散，能带来关注和好感度；形象过度发散，容易带来信任危机和粉丝们对你的厌恶。**

在网络上，要记住你不是神话，也不是传说，更不是超人。你只能基于自己的实力做那些力所能及的事，而不是过分地追求高大上。一旦事情完全超出了你的能力，你的形象就难以修补，"债务"无法偿还，等待你的只有"破产"一途。

从ID到IP：商业化观念正在蔓延

如今，IP大潮已然形成。什么是IP呢？IP，不是网址代称，而是指那些有内容、有一定知名度并有一定粉丝群的文化产品及其周边产品。IP热是网络经济升温到一定时期的产物，如今已经形成浪潮。越来越多的网络作品急速商业化，电视、影视、游戏、周边商品不断开发，为一直在网络平台耕耘的人们打开了一条新道路。

为什么IP大潮来得如此凶猛？关键在于粉丝的购买力。就拿网络上的热门小说来说，过去，除了极其大热的小说外，没有人肯为网络上的东西投资，担心这类作品难登大雅之堂。随着一些电视剧和电影的试水，人们突然发现，把热门小说直接拍成电影，能够一举解决最重要的两个问题：宣传和票房。

热门IP自带宣传，粉丝们看到热爱的作品即将影视化，不必号召就会想尽办法宣传。何况，这些作品往往找当红明星来拍，也就是双倍IP碰撞，作品粉和明星粉都来充当宣传水军，而且一定会贡献票房。这一发现让网络作品改编潮火速兴起，一些影视公司到处购买作品版权。只要得到热门IP，就几乎等于得到了现成的钞票。

这一现象也激发了各种问题，为了有更多粉丝做保障，制作公司往往会花大价钱去请当红明星来演，即使对编剧、导演甚至道具都马马虎虎，拍出来的作品招致一片骂声，却也不影响票房和人气。这种浮躁的作风还在继续蔓延。不但各大公司纷纷网罗热门IP，一些小成本公司也靠IP打翻身仗，IP的产业化道路更加广泛。

IP潮代表了粉丝经济的进一步加深，也让人更加意识到流量货币的作用。有流量货币，就是有影响力，有粉丝，只要有卖点，谁都可以在这波浪潮中得到机会。多少人摩拳擦掌，调动所有能想到的宣传手法，花钱花力，为的就是要将自己打造为超级IP。IP几乎已经是网络作品商业化的代名词。

可是，我们真的能如愿以偿打造出超级IP吗？我们又对IP

了解多少？兴冲冲地想要吸引粉丝，粉丝就那么容易被吸引、那么喜欢掏钱吗？大潮下人心难免浮躁，如果一心想着出名吸粉，往往误入歧途，让形象大跌，还没成为热门IP，就已经被浪潮拍死。

先来想想那些热门IP都有哪些素质吧。仍然说说那些当红IP改编的影视作品，比如电视版和电影版几乎同期上映的《三生三世十里桃花》，集合了当红小生小花，未播先热，每天都有人在官博下讨论演员的颜值演技。原著是有多年粉丝基础的大红小说，人们对小说人物情节张口就来，这样的作品怎能不热？可见一个热门IP必须有实际内容和真实群众基础，也就是说，任凭你有再多广告水军花钱买热搜，也代替不了真实的作品内涵。这是**热门IP的第一要素：有质量**。至于有些作品的质量是不是能经受得住时间的检验，那是以后的事了，至少此刻它经受住了市场的考验。

质量是重要的，善于分析、迎合市场同样重要。例如闻名一时的游戏《古剑奇谭》，这款游戏集合了上古神话、中国风、帅哥美女、复仇、狐仙志怪、江湖武侠、多重情感纠葛等元素，可以说无一不热门。要故事，它有爱情、有亲情、有友情、有江湖义气、有前世纠葛等故事；要人物，它有热血、有呆萌、有纯情、有艳丽、有冷血的人物；要趣味，它设置了各种支线剧情；要视觉，先不说极具中国风的美丽背景，就连几个主人公的形象，都融合了多种朝代元素，还不乏现代感……这就注定了它适合出续集、适合拍电视剧、适合玩COS、适合做手办、适合出小说、适合卖周边。由一个作品衍生出了如此这般的多种可能，这就是**热门IP的第二要素：延伸性**。如果你干巴巴地只有一个故事、一种元素，那它只是一个商业孤本，无法产生更大的规模。

IP商业化最重要的步骤就是商品推广，影视也好游戏也好周边也好，没有销路就没有出路。因此，粉丝的喜好、投资商的要求、市场分析等多重因素需要考虑，这就导致作品必须按照综合考虑的结果一改再改、一变再变，最后成品与原IP相去甚远。IP拥有者为了商业不得不妥协，以商业角度看待自己的作品。这就是**热门IP的第三要素：商业性**。这种商业上的"灵活"常常被人诟病，更有人直言"过分商业的IP不再是好作品"。

未来，IP的道路说如何走？显而易见，必须走可持续发展的道路。IP所有者应有版权意识和形象意识，不要过分急功近利，只顾着用IP掘金，把商业化当作一切。重营销而轻内容，把力气都花费在流通过程中，却忽略了源头，是很多热门IP最终衰落的主要原因。如果不在基本质量上下功夫，一味追求商业化，不但不会有IP，就连最初的ID都会保不住。

第七章

流量货币的成长
叠加价值,不断提升含金量

不知不觉，我们手中已经拥有了一定面额的社交币。令人欣喜的是，它们大多是正值型的，也许它们来自点滴的分享，也许来自某个领域的展示，也许来自聪明才智，也许仅仅是形象上的加分。总之，它们成了我们行走社会的另一项资本。

当我们享受着社交币带来的好处时，却又不得不担心一个问题：社交币的积累似乎也有瓶颈，分享的东西是有限的，展示不可能一直新鲜，才智也有一定限制，形象未必能够翻新，一切一旦达到了顶峰，接下来的巩固简直比积累更难。何况粉丝有花心本性，今天迷恋这个，明天就会被其他事物吸引，怎样才能一直保持社交币的价值，甚至在此基础上翻倍呢？

这份秘诀可以用四个字概括：价值叠加！

这种叠加可以是团体成员之间的优势叠加：一个团体内部所有成员各自拿出拿手好戏，将团体的优势发挥到最大，实现"一加一大于二"的效果。也可以是个人身上的优秀品质的叠加："实力+话题度""有情怀+有创意""受关注+会运营"等。

人们常说，美貌和聪明、清醒、自律等任何一项优势叠加都是王炸，唯有单出是死牌，流量货币的成长与增值，又何尝不是呢？

唐僧为什么要去西天取经

我们先来看一份简历：

姓名：陈祎

法名：玄奘

出生地：洛州

职业：僧人

个人经历：家学渊博，于名寺修行六年，四方游学，师从各路高僧，造诣深厚

爱好：精研佛经

这样一份简历，能保证这位玄奘法师在重视佛教的隋唐年代，在县级或市级寺庙里找到一份不错的住持工作，或者可以直接入驻某间有源远历史的大庙。同时他也有在各级寺院开课讲学的资格，他甚至得到了大唐太宗皇帝的当面嘉许。可以说，他捧的是金饭碗，前程一片大好。他的个人声望很高，只要能在城市乡村间多走动走动，还能得到诸如"大法师""在世菩萨"的称号。

但就在这个时候，玄奘法师做出了一个让大家吃惊的决定，他放弃了优厚的待遇，决定去西方天竺（也就是今天的印度）游学。那时候的印度和中国没有邦交关系，两个国家之间隔着大漠、山川和一堆不知底细的小国，路途危险重重，但玄奘凭借着

对佛法事业的热爱，凭借着自己的胆识，西行5万里到达印度，再用了17年时间学习佛法，然后光荣回国。

由此，玄奘由一个大唐普通高僧成为世界著名的佛法大师和翻译家，并在唐朝享有独一无二的崇高地位，名垂青史万代流芳。即使没有名著《西游记》的宣扬，他也是家喻户晓的人物，他的形象至今为我们熟知，这就是玄奘的生平和去西天取经行为的现实意义。

如果我们从世俗角度和当代人的角度去重新点评玄奘西游，你会发现古人和今人的处境并没有多少差别，古人的成功行为同样值得今人反复借鉴，只是这个借鉴需要取其精华、去其糟粕。

去西天取经之前，作为一个学过很多知识、去过很多地方、认识很多名人、拥有很多粉丝的成功和尚，玄奘法师无疑是唐朝初年的红人之一。但是，他的走红只局限于寺庙里和佛教徒间，偶尔会有民间老百姓可能听说"长安有个著名的和尚"，但也说得不够确切。在那个时代，百姓们最常说的是当朝皇帝、当朝大臣，哪位将军打了胜仗，哪位诗人写了著名的诗歌，哪个书法家的艺术功底很深厚，等等。

也就是说，玄奘法师有一笔面额可观的流量货币，但局限性很大，增值空间有限，这笔流量货币最多能够让他当一个大寺的住持，也许还能担任国家祈福协会会长之类的头衔。总之，他的前途光明却狭窄，他不可能引起大规模的话题，他的流量货币没有大幅度升值的可能。若干年后，没有多少人会记得他的名字。

这一现象,叫作社交死亡。

我们很容易看到流量货币的成长形态,表现为粉丝增多、分享增多、人气提升、广告商开始光顾、合作邀请增多、信赖性留言成倍增长……这都能让人感受到社交成功的喜悦,也让人享受到了流量货币逐渐变现的成就感。

不过,社交死亡的来临是缓慢的、隐性的,即使流量货币出现下滑,在一段时间内,社交平台因为人群惯性,仍然呈现出一派热闹,结果迷惑了平台拥有者,使其不能及时发现问题。等到人气下滑加速,再想挽回局势已是难上加难。所以,必须留意流量货币的非成长形态,这种形态以下有几个特点:

1. 形象停滞不前

你已经多久没有更换过你的社交形象了?是否已经有粉丝抱怨你的更新频率太低,对热点的反应速度太慢,以前来你这里常有惊喜,现在却看不到任何亮点,永远是老一套?你当然可以说:"这就是我要的风格。"但有自己的风格并不是要你完全停滞、缺少变化,而是要在保留精髓的前提下与时俱进。当你被老观念束缚时,你就要提高警惕了。

2. 技能点不再有提升空间

你曾经靠某一种技能获得了粉丝们的喜爱,你的支持留言一直不少,有一天,你发现你的作品开始重复,你想不出新点子

了。当你打开别人的作品时,却发现了满满的新意。这说明,你的技能点已经达到临界,如果不补充"新血",它就不再有提升空间,你的成就仅止于此,越来越多的人将超越你。当你发现了这一点时,请务必警惕。

3. 躺在舒适区,不愿意探求新的潮流

某一天你突然发现自己与粉丝出现了"代沟",你不知道粉丝说的口头禅是什么意思,他们也嫌弃你跟不上潮流;你不了解最近的热点是什么,不知道最近大家喜欢什么,不知道话题榜上的标题意味着什么……这代表你已经和网络社交圈子脱节。了解潮流不等于追赶潮流,你仍然可以遵循自己的固有风格;不了解潮流会造成思想和观念上的落伍,渐渐成为老古董。如果你发现自己对网络有点陌生,请一定要警惕。

一切流量货币都会面临社交死亡的危险。打造形象,是积累流量货币的第一步;维持形象,是积累流量货币的重要步骤;提升形象,则决定了流量货币未来的价值。人的审美会变,时间会改变潮流,没有人会喜欢一成不变的形象。人都会成长,没有童星可以永葆纯真,没有少女偶像可以永远青春,当他们的粉丝长大变老,新一代的粉丝不会喜欢看到他们扮嫩装萌,他们只有成长,只有转型,才有出路。

现在,让我们回过头重新看这个问题:唐僧为什么要去西天取经?并结合当今的网络现状给出切合时代的答案。

1.**为了交流**。无论古今,社交的目的都是为了交流,为了增长见识,为了获得新的知识。不同文化背景、不同生长环境、不同性格、不同年龄的人群,有各自的特点,交流中的差异性会带来矛盾,也会带来惊喜。唐僧西游看到了西域美景,学到了各国知识,经历了不同人情,靠着这些阅历,他就有说不完的话题。

2.**为了取长补短**。与不同的人接触,在不同环境下生活,在困难中磨炼能力,学习他人的优点,弥补自己的短处,这就是交流的现实意义。唐僧一路上不断地比较西域诸国与大唐的差异,不断提升自我境界,所以他最后能取得伟大的成就。

3.**为了获得新价值**。成长意味着突破困境,突破困境意味着建立新形象。想要成长,必须主动寻找突破口,才能获得新价值。唐僧带回了中土缺少的佛经,这是他西游的主要目的。此外,他还获得了许多附加价值,这些价值甚至超过了珍贵的佛经,并成为他的核心竞争力。

4.**为了"镀金"**。一次大胆的行动,一次深入的学习,本身就是社交话题,让人不再默默无闻。无论交流有没有得到实质内容,交流本身就是绝佳的话题,让交流者多了一个头衔、一个身份、一个被关注的理由。从此,唐僧是唯一一个去过天竺的僧人,是能熟练使用梵语和中文的翻译家,是了解西域状况的外交家。

一次西游,帮助唐僧由一位普通的优秀僧人变成了尽人皆知的大唐圣僧。正因为他的行为独一无二,他才会被长久关注,甚至会被写进小说，世代流传。唐僧给我们的启示并不复杂：**一切交流、学习、自我提高的行为，都是为了提高流量货币的含金量，都是为了流量货币的成长。**

每个人都能拥有流量货币，每个人通过努力，都能获得更多的流量货币，但这些现象都是暂时的，只有让流量货币不断成长，才能保持它的价值，才能避免通胀危机，才能避免跌停风险。

价值由内容决定，为了保持内容的新鲜、有趣、有料，我们也需要取经。去哪里取？阅读能够扩展人的知识面，让关注者看到你的内涵；旅游能够丰富见闻，让分享者得到更多美景、美食、美的感悟；聆听他人的感悟和经验，能够加深你的感性魅力，让你更加可亲；培养个人爱好，与更多同好者交流，能够提高你的形象分；思考让你的思想更加深邃，让更多人体味你的智慧。

总之，获得有效流量货币的前提是分享，而只有不断提高自己，才能让持续性大规模的分享成为可能。怎样提高自己？靠不断学习，不断"取经"。

抢西瓜的人太多，不妨先专注于芝麻

人们常用"捡了芝麻，丢了西瓜"来比喻因小失大。为什么会有人为了一点点小事把贵重的东西丢开呢？现实生活如此复杂，人们究竟该如何判断什么是西瓜、什么是芝麻呢？又或者，如果我们根本搬不动西瓜，捡一粒芝麻又何妨？也许它能种出一片新天地呢。

相比于芝麻，人人都想要西瓜。西瓜甜，西瓜大，西瓜有市场，但是，当人人对西瓜趋之若鹜，人人都追捧西瓜的时候，它反而成了过于平凡的大众产品。这时，无人问津的芝麻却显示出了它的价值，手中有芝麻的人反倒有了王牌，"物以稀为贵"这个道理，同样适用于流量货币的积累。

现在，你开了一家公司，你的第一个项目是独立开发一款新型的旅游APP，你必须让它新颖独特能俘获第一批粉丝的心，完成第一桶流量货币的积累，奠定你公司腾飞的第一步。你的思路是什么呢？这个问题可以测试你究竟对流量货币、对市场、对人们心理的了解是否准确。

你首先感到的是困难，非常困难。这个市场早就被一些大网站瓜分得不剩几块地，从火车票到酒店再到景点门票甚至连旅游地饭店的饭票，都可以通过某一家网站订好，还有更多的同类APP在跃跃欲试，企图掀起新的旅游模式，你的所有想法都是苍白的，你对自己越来越没有信心。

可是，为什么一定要做一个包罗万象的高大上的APP？既然你的公司还没有这样的实力，为什么不让你的创意小巧一些、有针对性一些？试着把西瓜先丢开，捡一粒有特点的芝麻，它同样能给你带来机会和效益，而且它的取胜率要大得多！

我们不妨说一说那些小而好用的旅游APP。

预算住宿

住宿APP着实不少,但也依然可以独辟蹊径。试着开发一个预算页面,只需要把住宿预算输进软件,就能自动搜索符合条件的最优推荐,如民宿、短租、快捷旅馆或包接送的大宾馆,免去了人们到处搜索住宿地比较价格的时间,怎能不受欢迎!

穷游

穷游是一种大众又经济的旅游方式。说是"穷",其实出去旅游的大多不是只想着流浪的背包客,多数人追求的是省钱又实惠。所以不要把重点放在"价格最低"上,而要注意"性价比"。只要拿得出最实惠的组合方案,你的APP就会深入人心。

组合旅游

有不少人不愿意跟随行程紧凑的旅行团,但想要自由行又觉得寂寞、担心花费太多,他们想要和靠谱的陌生人一起旅行,想走就走,并分享旅店房间和旅途见闻,留下共同的回忆。一个找旅伴、找驴友的APP可以满足他们的需要,以此为基础,可以招揽许许多多怀有旅游梦又不愿意独自出门的人,还能大大调动普通人交友、出游的积极性。

翻译

翻译软件花样众多,有的是多国语言带语音,有的是花式外表卖颜值，有的附带相关语言用法，有的干脆设计成学习旅游一路通。不妨把卖点定在"最贴心的翻译"，专攻旅游翻译。输入目的地，自动提供航班消息、旅店消息，恶补常用语、常用电话等，全部信息双语化。定制路线后，提供多条可能用到的地名、常用语、地图、交通状况等当地咨询，让人们能依靠这个小软件实现全程无忧自助游——谁不想有个这么方便的东西呢？

吃吃吃

民以食为天，出去旅游一次，美景可以少看，美食不可少吃，一些城市甚至开辟了"小吃公交"，为的就是满足人们的饕餮心理。寻找当地特有的纯正小吃、寻找口碑大于广告的"苍蝇馆子"、寻找每天只营业几个小时的老牌神秘小吃的任务，就交给这个APP吧。制定节约有效的小吃公交路线，让人们不费事不费力地挖到最地道的当地食物；不时推出一个"今日热门吃货路线"，用诱人的图线吸引人们点击；利用定位系统，推出"身边就有美味"，让不出门旅游的人也能把这款软件当作"吃吃吃"指南。

乡土旅游

说到旅游，人们的目光总是盯着大城市和热门景点，其实还有不少人想去风景好、空气好的农家地带找一找真正舒心的外出感。做一个软件专门介绍那些不热门却有美景、有美食、有特色

的小地方，详细的介绍配上参与者的旅游反馈，为大众出游提供新选择，吃惯了大鱼大肉的人，不会排斥这种精美的清粥小菜。如果你能联系当地的农家作为住宿地，那更是未来的一笔大财富。

专注往往意味着深入翔实，意味着精品和限定。也就是说，专注天生就带了口碑气场，专注点越小、越细，越能让人从心理上产生"这应该是个好东西"的信赖感。

其实每一个看似不大的专注点都对应着一个巨大的客户群，专注点一旦做到最好，你就收获了一笔最稳定的流量货币，货真价实而且不容易流失。**与其跟着别人抢西瓜，不如现在就捡一粒你的芝麻。**

自我赞美的学问：
"瑞幸咖啡"的快速发展之道

流量货币成长的本质是什么？ 是传播力的进一步扩大，是营销能力的提高，接受范围的变广，流量货币持有者越来越有feeling……常言道，"王婆卖瓜，自卖自夸。"流量货币持有者的自我宣传，也可以看作是一个卖瓜的过程。那么，怎样赞美自己才不会讨人厌呢？

先看一个真实的例子。一位河南农民以种西瓜为业。夏天到了，他和别的农民一样，起早贪黑地拉了一大车西瓜出来卖。可是到处都有卖西瓜的人，这个说我的瓜甜，那个说我的瓜好，还要打一打价格战，真让人感叹市场的残酷与生活的无奈，不如回家写写字……写字？没错，这位农民的业余爱好是练习书法。想到书法，他计上心来，干脆在西瓜身上刻上龙飞凤舞的吉祥话。这一办法令竞争者望尘莫及，也让他的名气不胫而走。

市场里吆喝也好，西瓜上写字也好，都是一种营销方式。前者吆喝的是产品，后者卖的不只是产品，还有包装。偏偏人们就爱看这一层包装，有了包装，同样的产品坐地起价，值钱的就是包装、就是创意。事实上，这包装已经具备了流量货币的基本功能，将它放在网上，肯定能造成一轮热潮。

现在，让我们以"瑞幸咖啡"为例，探讨一下包装的学问。

2017年底，瑞幸咖啡创始之初，凭借互联网定位策略和极具竞争力的价格优势，快速在市场中占据一席之地。在供应链管理方面，它打破了咖啡作为舶来品的"高端"刻板印象，整合全球优质咖啡豆供应商，在国内建立产业基地，使产品能更快、更精准地满足消费者的需求。同时，瑞幸还研发出"生椰拿铁""酱香拿铁"等现象级爆款产品，2023年，在销售规模上，瑞幸首次超越星巴克中国，成为中国市场最大的咖啡连锁品牌。

瑞幸咖啡在包装上也下足了功夫，不断更新的"限定"包装总能给消费者带来焕然一新的视觉冲击。在logo设计上，瑞幸选择中西文化中都象征幸运的鹿，结合现代的全环保理念，采用简约的蓝白配色，给人留下深刻的印象。这一包装设计自带天生的

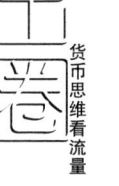

信赖感，仿佛选择这个牌子，就能开启幸运的一天。

瑞幸的包装从纸袋到杯套，几乎每个月都会更新。品类丰富多样，从节日特色限定如"新春金龙拿铁""520表白""中国茶咖"，到跨界联名产品如"酱香茅台""线条小狗""澳网SOE·瑰夏"……仅在2024年前三季度，瑞幸就联名联名了25个知名IP，合作的品类可谓是包罗万象。每个限定都精心设计，搭配或萌趣可爱或个性简约的主题包装，使联名IP与自身品牌完美融合。当然，瑞幸的包装不仅限于产品本身，还会推出联名周边产品，并利用其遍布全国的店铺优势，开设联名主题门店，为新产品提供更多的曝光机会。

产品品质自不必说，服务也是企业的灵魂之一。瑞幸咖啡通过密集开店的策略，采用"门店+外卖"的新零售方式，并承诺配送超过30分钟即"慢必赔"。此外，瑞幸还会时不时赠送免费礼品，比如双杯套餐赠送周边贴纸、纸袋和杯套；购买小黄油拿铁还会赠送小卡和小熊。试想一下，在品尝美味咖啡的同时，还能收到可爱的小礼物，怎能不让人感到开心和满足呢？

传统的广告是自我包装、自我赞美，互联网广告则要求厂商更多地关注用户的需要，要求注入更多的新意和诚意。传统经营模式早已被打破，产品信息高度透明化，顾客可以自行比较各种品牌的价格，从各种反馈中了解商品的优缺点，选择性价比最高的牌子。在这种情况下，广告需要创意，服务更要周到，品牌价值往往既容易在细节中更上一层楼，也容易在细节上一落千丈。

商家也好，自媒体也好，追求的不仅仅是点击率，更追求"回头率"。看过一次，想看第二次；买过一次，再来买一次。想要顾客频频回头，就要拿出真正的内容，产品质量要好，服务质量要好，广告质量也要好，三管齐下，一轮宣传才算结束。这样的宣传耗时耗力，周期不短，却能带来最有价值的流量货币：他人的喜爱和对品牌的忠诚。

叠加价值的五个优雅姿势

"你说得很有道理，可是，我们既不是流量巨星也不是大V网红，我们只是有着普通工作、普通想法、普通生活的普通人，我们又该怎么办呢？"

也许你正有这样的疑问。但是，那些在网络上很红的ID，不都是从零点击开始的吗？甚至就在你自己的朋友圈里，有些人热度高，有些人乏人问津，难道仅仅说明前者人缘好吗？**想要流量货币，就要学会经营。**

第一，打开自我，积极主动分享。

你是厨艺高手，经常拍一桌子美食，然后收获了许多点赞和贤妻良母、厨房暖男之类的评价。但如果你止步于此，那你只是一个观赏品，人们不会为你投放过多的流量货币。

如果你在这些照片旁边加一些烹饪小秘诀，或者说一说烹饪带来的幸福感，从而引发他人的烹饪兴趣，你的流量货币无疑已经掌握了升值的根本。

如果你把一道很难的菜品分解成简单的过程，做一个有趣的教程，你的流量货币无疑正在进一步增加其价值。

如果你将你的做菜过程拍下来，加以适当剪辑，手把手地教别人做菜，那么不但你的朋友们会喜欢，你的新粉丝也会随之而来。

如果你的厨房、厨具、摆盘都充满了艺术感，再配上优美的音乐，把观看烹饪变成一种艺术享受，无疑、你已经成了绩优股！

第二，刻意培养自己的品位。在互联网上永远不缺信息，缺的是品位。

在你的朋友圈的清一色自拍照里，总会有那么一两位与众不同者，她们不是披头散发嘟唇剪刀手，而是突出自己的特质，例如迷人的气质，考究的服饰，拍摄的角度……看她们的照片，就像在看一份艺术品。

品位体现在各方面。你的服装，你的运动，你的爱好，你的阅读，你的文字，你的朋友圈内容，都能透露出你是怎样的人。

一个会思考睡衣和红酒关系的人无疑很小资；一个照片上只穿淘宝爆款的人绝对谈不上很时尚；一个偶尔发表有深度文章的

人肯定思考独到；一个整天转心灵鸡汤的人的生活并不会充实得到哪儿去……这些判断也许会有些偏颇，但很有代表性。

细节方面也可以体现品位。书桌上摆一本《美的历史》，效果绝对好于放1000本青春文学和鸡汤书；手边的钱包是低调又有设计感的大品牌或精心手制品，效果远远超过地摊货；墙壁上有一张自己亲手缝制的拼布贴画，好于海报和带着木头框子的印刷画；床单和地板的颜色对比协调，好于胡乱搭配……这些东西，想必每个人都有体会。

适当藏拙，把最好的部分亮出来，才是积累流量货币的关键。也许你应该多学一学那些有品位的人，先改善自己的生活，改变自己的恶俗趣味，然后再去有经验、有见地、有选择性又有趣地晒、晒、晒。切记，人们永远欢迎能够帮助自己的展示。

第三，练习更有趣味的表述。

故作高深并不是提高关注度的好办法，因为它让人不知该如何接近。一篇艰深的文章或一张抽象的图画大概只能让行家啧啧称赞，群众对它只有"虽然不懂但看上去好厉害"的不明觉厉感。人们很少拿这类东西当流量货币，因为在大众对话中，通俗易懂才是王道，你满口"真真是个好东西"，难免会被喝令："说人话！"

所以要转变分享观念，变艰深为通俗，化深奥为有趣。例如，写国人感到陌生的欧洲艺术，如果照本宣科，列出作者国别

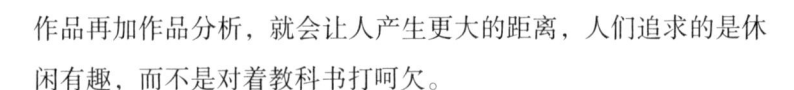

作品再加作品分析，就会让人产生更大的距离，人们追求的是休闲有趣，而不是对着教科书打呵欠。

这时，有人以讲八卦的形式侃侃而谈，说起欧洲艺术史上热闹的传说，画家与画家之间的摩擦，公主与浪子的艳遇，名画的由来和遭遇，配上一张张精美的油画，大大提高了人们的阅读欲望——而且，这种八卦式知识好学好记，方便加在谈话里显示自己的渊博，这样的流量货币才是最理想的。

第四，保持新鲜，保持时髦。

赶时髦是人类的一大天性，谁也不想被人说已经"落伍""out"甚至"low"。时髦让人看起来有活力、有新鲜感、有站在时代前沿的聪明和魄力，还有在同类中高人一等的谈资。所以，在时髦上下点功夫，错不了。

时髦要"赶"，第一个走进电影院看热门电影回来就写个中肯长评；某某牌子新品上市抢先试用，一面拍照晒，一面客观公正评价优缺点……换言之，随时当"第一个吃螃蟹的人"，时髦并用实际经验给大家提供参考。

"赶"需要时间、需要金钱、需要精力，如果你认为自己赶不上，干脆就在深度和广度上下功夫，缔造有个人品位的时髦感。经常换手机牌子是时髦，用10年时间坚持一个牌子也可以是时髦，关键在于你是否拥有他人没能拥有的东西，包括并不只限于商品和体验。要记得时髦的本质就是新鲜，你够独特，就可以成为风向标。

第五,习惯于给别人带来更多便利。

你以为别人来你的朋友圈、某博、公众号、网站是来做什么的?赞美你美丽的面容?夸奖你动人的口才?羡慕你优雅的生活?钦佩你丰富的学识?或者打发时间看笑话?不,大多数人并不是我们臆想中的毫无头脑的流量货币提供者,他们不会免费无限量地供应自己的时间和点赞来看或真或假的作秀,**他们要么想要联络感情,要么想要扩充谈资,要么想学习如何装点门面。总之,他们有所求。**

尽管这种要求比较抽象,有人可能想要笑一笑,有人可能想要换个心情,有人纯属来凑个热闹,但这种抽象需求不应该被忽略,作为一个聪明体贴的流量货币持有者,你理应尽量提供他们想要得到的东西。

这并不是说,你要完全按照别人的爱好来,而是说你应该察觉到潜在的需求,丰富自己以满足更多的需要,这样,你的社交形象才会更加丰满。

"与人方便,自己方便"是一条亘古不变的真理。不吝啬地分享你的彩妆秘诀,你当然可能会培养一批竞争对手,但却会换来更多的粉丝;晒出你的生活小秘诀帮助更多的人,你会显得更加平易近人、受人喜爱;哪怕编辑之余好好注意一下文字和图片的排版,让观众眼睛更舒服,都会收到更多的肯定……最重要的

是，你要给到此一游的人留下话题，让他们可以回头跟朋友说："那个谁谁谁今天分享的颈椎操真不错，TA亲自试验过呢！"

欲取之，必先予之。与其只当一个流量货币的占有者，不如当一个流量货币的提供者。当人们发现你这里有源源不断的流量货币，他们就会常驻于此。

倒腾创意就是倒腾流量货币

还记得QQ和校内网普及的那几年，最流行的游戏是什么吗？没错，是偷菜。且不说年轻人没事就跑到好友的菜园子里去偷点白菜萝卜的乐趣，这个游戏最大的成功，恐怕就是让许许多多上了年纪不知电脑为何物的中老年人了解了QQ，当然，这里面也有麻将和扑克等游戏的功劳。这一项全民游戏曾火热到什么程度？有些人一天里要定好几次闹钟，为的不是工作不是约会，而是收菜和偷菜！

这款游戏为什么会如此火？因为它瞄准了人们的娱乐心理！无论何时，娱乐都与生活密切相关，娱乐不分国界、不分人种、不分贫富，是所有人的基本心理需求。娱乐，无论是游戏、八卦，还是聚会、聚餐、旅游，只要能让人身心愉快，就会有广大的传播市场。可以说，娱乐本身就是流量货币，为人们提供说不完的话题。如果你问一句："今天你读书/锻炼/学习了吗？"未必有人会理你；如果你问："今天你娱乐了吗？"一定会有人愿意和你说说今天 TA 做了什么开心事。

娱乐就是有这样的效应，娱乐至上是互联网上不变的追求，那些能让人开心一笑的信息，总是传得最快最广的。没有人排斥真正的娱乐，想要流量货币稳定成长，不能忽视娱乐性。搞笑的段子为什么大行其道？因为每个人都希望得到轻松的享受。

可是，网络娱乐竞争激烈，如何在五花八门的娱乐项目中脱颖而出，就需要用心思考。让我们学习学习黑神话悟空主创团队的做法。

2024 年 8 月，一股"天命人"热浪迅速席卷整个互联网。游科互动科技有限公司出品的 3A 游戏《黑神话：悟空》终于在玩家长达 2 年的翘首以盼中强势上线。正式发售后不到 24 小时，Steam 在线玩家峰值突破 222 万，在 Steam 所有游戏中在线玩家历史峰值排名第二。这款现象级产品凭借炫酷逼真的 3D 渲染效果和东方美学实力出圈，还受到央视、新华网、人民日报等官媒点赞和报道，正式开启了国产 3A 游戏元年。

"西游"是我国一个极其重要且相当热门的经典大 IP，前有 86 版西游记，后有"大话西游"等经典影视、动漫衍生，可以说是家喻户晓，老少咸宜。尤其是其中的核心人物孙悟空，更是数十年来人气爆棚的"全民男神"，甚至有网友总结过孙悟空人物形象的演变历史，感慨"一代人有一代人的齐天大圣"。这样一个已经有过十数个经典版本的形象，黑神话悟空如何才能做到脱颖而出呢？

一方面是人设打造的创新。传统的悟空形象更倾向于集中在他的勇敢、直率和敢爱敢恨，之后的衍生作品也在尽力深入挖掘孙悟空更内核的其他品质，比如灵慧、善于变通、不畏强权等，但这些挖掘还是停留在偏向正面的脸谱化塑造，黑神话悟空则抛开这些对英雄人物的神化，融入了更多现代人对于英雄的理解和情感。游戏中的悟空形象更加立体，性格更加复杂，大圣也不是时时刻刻都光明伟岸，他也有自己的七情六欲和人性阴暗面，他也会爱嗔痴、恨别离，会有嫉妒、仇恨、贪婪等"黑色情绪"，有着自己的情感纠葛和内心挣扎。

另一方面是技术上的创新。不同于以往大家都喜欢做的经典MMORPG类（《梦幻西游》）、简易的2D横版过关动作类（《造梦西游》）、独立卡牌类、街机类、塔防类游戏，黑神话悟空没有选择在传统的开发方式上继续耕耘，而是使用虚幻引擎5，通过Nanite和Lumen技术，实现了对几何细节的超高精度渲染和动态全局光照效果，精美的画面、深刻的剧情和流畅的战斗系统，让这部游戏一口气火遍世界，一时间，全球玩家都被中国丰富的文化遗产和故事所震惊，许多外国友人都在YouTube上晒出自己翻阅《西游记》，聆听云宫迅音的视频，并为山西文旅带来泼天流量，引发了一系列热点话题讨论。

这款游戏，它为什么能够成为社交热点？因为它集合了收集、剧情、怀旧、比较、对战等当下的流行元素，在传承经典的同时又打破了人们的固有观念,给人以全新的感觉,它迅速成为社交焦点,每个人都渴望持有这样既新鲜又超值的流量货币,《黑神话:悟空》的主创团队可谓是一战成名。

抱怨流量货币难以成长毫无意义,抱怨话题老旧、头脑僵硬也只是浪费时间。**创意并非遥不可及,它就在那些司空见惯的事物中,只要你懂得集合、转化、嫁接、搭配、筛选,你就能用老掉牙的元素创造出新的东西!**

想让流量货币一直成长,你需要不断激发个人的想象力和创造力。关注人们的娱乐焦点,才能创造出新一代的大热门。

用好流量货币,领航自媒体时代

一个叫奥伦·埃齐奥尼的人因为没有买到最便宜的飞机票,开始思考机票价格高低不定的原因。你以为他经过观察思索,调查取证,总结出了一套机票价格与季节、与时间、与航空公司的关系吗?错!这些全都不在他的思考范围内,他要做的是弄出一套软件,它的功能只有一个:帮乘客预测出哪一家航空公司的机票价格最低。

听起来是不是有点天方夜谭?在数据化时代,这却是一件极具可行性的事。埃齐尼奥利用各大航空公司过去提供的飞行数据和数据库提供的价格样本,做出了一个预测系统,它固然不能

100%准确，只能达到75%，但人们并不会吹毛求疵地追求百分之百，他们追求的是省钱，毫无疑问，这个系统帮他们省了一大笔钱——每张机票都省了至少50美元。

这就是Farecast公司的由来。后来，这个公司被微软收购，这种搜索技术也被广泛应用。我们不是在普及科技知识，而是在本书的最后郑重提醒各位：你生活在这样一个时代——一个高科技时代、互联网时代、应用化时代，如果你还没有理解自己所处的环境，你就只能被五花八门的科技弄得迷迷糊糊，而那些懂得利用科技的人，已经远远地走在了你的前面。说得更确切一点，你可以不理解那些复杂的数据技术，但你一定要理解大数据时代。**最重要的是，你要理解流量货币。**

流量货币是自媒体时代的产物，它拥有巨大的能量，而且，它不只属于政府、大企业、名人，它属于千千万万的普通人，它能给所有善于利用它的人带来改变命运的机遇。想跟上这个时代，就要积攒、分享、利用流量货币，想获得真实的财富，就要妥善经营自媒体。每一个有一定人气的ID都利用自媒体塑造、树立自己的IP，门槛低，约束少，途径多，只要动脑，总能找到适合自己的宣传模式。

但当下，低门槛、好上手的特点导致自媒体传播现状良莠不齐，某些自媒体抱着急功近利的心态，只顾博眼球、博出位，为了走红，不惜牺牲个人形象和名誉，一时的热闹最后落得被粉丝抵制的下场。偏偏很多人只看热闹不看长远，以为"爱拼才会赢"，拼着自己的脸面招揽粉丝，也只落得被人看笑话的下场。

某些自媒体的成功也导致一些网民将自媒体当作发家致富的手段，整天沉迷网络，希望红上一把。他们既没有一技之长，也没有立身之本，更没有宣传策略，甚至不太懂网络礼仪，他们在网络上耗费时间，耽误了正常生活，得不偿失。网络固然飞速发展，但没有人会把生活搬到网上，它依然只是生活的辅助。过分关注网络，只会造成本末倒置。

当前，自媒体在中国发展已经超过了20年，经过逐步过渡，脱离了野蛮生长的时代，如今越来越多人开始呼吁规范、呼吁理性、呼吁秩序。自媒体正在走向正轨，人们的观念也要随之改变。人们对流量货币的追求不再是简单的"出名"，而要更加妥善、更加长远地处理网络和个人、网络和事业、网络和生活的关系。未来，"人人自媒体"的现状将愈发深入我们的生活，流量货币也将在未来占据更为重要的地位，成为个人不可替代的资源。所以，切实制订个人流量货币计划，把它当作一项储蓄、一项投资，甚至一项长远的事业，成为了越来越多人心照不宣的答案。

欲在自媒体时代成为领航型的人物，就一定要打造好自己的流量货币，最好做到以下几个"硬指标"：

技术性。技术达人永远受欢迎，在众多分享中，人们最爱的不是热闹，而是技术含量。如果你能设计出维棠、硕鼠、ADsafe、SpaceSniffer等软件，你根本不需要担心广告和下载量，

粉丝们将蜂拥而至,把你当作真正的大神。

专业性。网络上博学的杂门人才不少,因为他们大多口若悬河,谁也分不清真假。因此,专业性人才显得更加难得、更加可靠。在专业上下功夫,让自己更富有专业精神,不但在现实中是别人夺不走的金饭碗,在网络上也是一笔不会贬值的正资产。

学术性。即使娱乐至上、解构无敌、搞笑当道,人们也不会改变对知识的尊重,因为知识才是进步的源泉。有学术素养的人具备学者精神和风范,让人看到真正的深度。网络多的是浮躁,缺的是深度,你的深度也许不会让你大热,却能让你与众不同。

创意性。每个网民每天都要接触成千上万的信息,但无论是知识、技术、娱乐还是普通的八卦,都需要靠创意才能引起人们的关注。有创意走遍天下,没有创意想走红只能靠运气。创意,就意味着要多学习、多思考、多经历。换言之,要真正地热爱生活,热爱网络,才能赢得起大家的喜爱。

总之,自媒体时代,流量货币就是资产,就是流通货币,要有正确的理财心态、积极的理财态度、完善的理财措施,还要不断地改进自己的招财工具。态度决定了自媒体的得失,手段决定了流量货币的多寡,**你要么有知识,要么有创意,这是真正的硬货币**。用你的知识和创意去创造价值,这就是流量货币的意义。